高等职业教育的发展与管理实践研究

王华英　著

全国百佳图书出版单位
吉林出版集团股份有限公司

图书在版编目(CIP)数据

高等职业教育的发展与管理实践研究 / 王华英著
. --长春 : 吉林出版集团股份有限公司, 2023.6
ISBN 978-7-5731-3981-8

Ⅰ. ①高… Ⅱ. ①王… Ⅲ. ①高等职业教育－发展－
研究－中国 Ⅳ. ①G718.5

中国国家版本馆 CIP 数据核字(2023)第 132096 号

高等职业教育的发展与管理实践研究

GAODENG ZHIYE JIAOYU DE FAZHAN YU GUANLI SHIJIAN YANJIU

作　　者:王华英
责任编辑:欧阳鹏
技术编辑:王会莲
开　　本:787mm×1092mm　1/16
字　　数:221 千字
印　　张:10.25
版　　次:2023 年 6 月第 1 版
印　　次:2023 年 6 月第 1 次印刷

出　　版:吉林出版集团股份有限公司
发　　行:吉林出版集团外语教育有限公司
印　　刷:长春第二新华印刷有限责任公司

ISBN 978-7-5731-3981-8　　　**定价**:60.00 元

前言

在经济全球化和区域一体化的推动下，国家与区域间的人才和教育资源的跨界流动日益频繁，包括高等职业教育在内的高等教育国际化成为世界高等教育发展的共同趋势。随着教育对外开放的不断深入，中国职业教育国际化地位也日益突出，中国要融入全球、要走进世界舞台的中央，就要求教育特别是高等职业教育承担起更多的使命。大力发展我国高等职业教育，积极推进我国高等职业教育国际化进程，既是适应经济全球化和世界高等职业教育国际化发展的必然要求，也是服务国家战略、服务区域经济社会发展、深化我国高等职业教育改革与发展的现实需要。

新的时期高等职业教育被赋予了新的内涵，一方面，高等职业教育更强调职业的针对性和对职业技术与能力的培养，是以社会人才市场需求为导向的就业教育。另一方面，随着产业结构调整和技术更新的加快，外部环境瞬息万变，新旧职业的更替不断加快，高等职业教育必须培养学生应对未来职业转换及终生学习的能力。因此，各高等职业院校注重创新学生培养模式，努力向社会输送合格技术型应用人才。

本书是一本关于高等职业教育的发展与管理实践方面的著作，其主要内容包括高等职业教育概述、高等职业教育资源配置、高等职业教育评估的对策与发展、高等职业教育的师资队伍建设发展、高等职业教学管理基本知识分析、高等职业教育管理理论与模式创新、高等职业教育教师人力资源管理体制探究、高等职业教育管理体制效率提升策略等方面。积极探寻高等职业教育管理规律，注重理论研究、学科建设与管理实践相结合，充分借鉴其他学科的理论与方法。本书可供高等职业教育工作者参考使用。由于作者水平有限，本书内容上仍存在诸多不足，恳请各位读者批评指正。

目录

第一章　高等职业教育概述

第一节　高等职业教育的界定与发展背景

一、高等职业教育的界定

当前,我国公众对发展高等职业教育认识的主要分歧就在于"高等职业教育的含义""要发展高等职业教育的原因"以及"如何发展"等问题上。

高等职业教育"是培养技术型人才的教育,它包括学历教育与非学历教育两部分",其中的学历教育主要包括大学专科、大学本科和研究生层次。当前我国高等职业教育大部分为大专层次,它与我国高专教育的主要特征是相同的,同属国际教育标准分类中的第五层次教育,非学历教育则主要是指职业资格证书技术等级培训。高等职业教育是培养高级实践实用型人才的教育,属高等职业院校范畴。招收中等职业技术学校毕业生、普通高中毕业生及具有相应文化水平和实践经验的中级技术工人,学制为2～3年;少数招初中毕业生,学制为5年。教育形式为学校教育和职业技术培训两种,此类教育着重于学生应用技能的培养,以为国民经济各部门输送高级应用型人才和高级技术工人为培养目的。

(一)职业技术教育(vocational technical education)

职业技术教育在我国有着悠久的历史,在生产生活中具有各行业特长的人才,像擅长木工的"木匠",擅长建筑的"砖瓦匠",擅长铁制工具的"铁匠"等,他们其实就是传统的专业技师。随着社会分工的细致化,一些技术所需要的专业人才按照传统的师徒相传的方式,远远不能满足社会发展的需要,因此职业技术教育应运而生。职业技术教育就是根据社会发展需要,专门培养相应的技术人才的教育机构,有利于学生在毕业后迅速找到自己的就业单位,为社会服务。

(二)高等职业教育(higher vocational education)

二十世纪八十年代,一些企业单位将那些文化程度略高的工人进行短期的专业培训,在他们掌握技术后,去带领其他职工,这样的做法叫做职业培训。

根据学生起点的不同,职业技术教育又分为中等和高等,中等职业技术教育的起点是初中毕业,高等职业技术教育的起点是高中毕业。高等职业技术教育和普通高等教育的区别在于,高等教育在专业选择上重视的是理论知识的掌握,而高等职业技术教育讲究的是对技能的掌握,重在实际操作和应用。

在西方,"职业教育"(vocational education)是指培养一般熟练工人或半熟练工人的教育与培训;高一层次的"职业教育"通常称之为"技术教育"(technical education),即以培养一般的技术人员为主要目标；再高层次的“职业教育”便是那种以培养工程师或高级专业技术人员为目标的“专业教育”(professional education)。因此，“vocational education”“technical education”“professional education”三词分别代表了职业人才培养中的三个层次，分别对应于我国的“工人”“技术员”与“工程师”。我们的“高等职业教育”大致相当于西方的“高等专业技术教育”，即技术员、工程师层次的职业人才教育与培训。

培养技能人员(skilled personnel)着重于实际训练的中等教育后期进行的教育，把“技术教育”定义为设置在中等教育后期或第三级教育(高中后教育)初期，以培养中等水平人员(技术员、中级管理人员等)，以及高等职业院校水平的，以培养在高级管理岗位的工程师和技术师。技术教育包括普通教育，理论的、科学和技术的学习以及相关的技能训练。由于培养的人员类型和教育层次不同，技术教育的组成可有很大变化。这些规定虽然与我国的实际情况未必完全相符，但仍可作为重要参考。

高等职业教育是职业技术教育的高等阶段，是社会发展的产物，它的目标不仅仅是培养技术人才，还要培养学生的人文素质，培养综合性应用人才。只有这样，学生在实践中才能发挥自己的所长，随着社会的变化而不断提高自己的专业技能。对社会而言，高等职业技术教育可以调节人才结构，避免出现人才结构失衡的局面，有利于缓解大学生就业难的困境。

二、高等职业教育的发展背景

高等职业教育发展是在高等教育发展的大背景下，高等教育发展问题的研究可以追溯到1945年之后，世界经济逐步走出战争阴影，并开始复苏，对高等教育提出了数量和质量的明确要求，西方国家及国际组织纷纷开展高等教育发展目标的研究。例如，20世纪60年代成立的国际教育规划研究所，着手发展中国家教育发展目标的研究。大家开始反思，高等教育的教育发展规模、发展模式、可持续性发展等问题，并提出了一些新的理论观点，引起了世界高等教育领域的广泛关注。

(一)高等教育发展的三阶段

“精英—大众—普及”，在世界高等教育界产生了强烈的反响，高等教育发展的思考和实践变得越发重要，对精英、大众和普及三阶段的理解也在不断地加深。

(二)我国高等职业教育的迅猛发展

我国一直高度重视高等教育的发展环境，尤其是改革开放以来，高等教育发展迅猛，但高等教育也存在着一些地区发展上的不均衡，东部地区、大城市高等教育资源较发达，西部及偏远地区高等教育资源不发达或者匮乏。从高等教育发展阶段来看，东部地区、大城市高等教育已经由“精英”阶段步入“大众”阶段，北京、上海等高等教育资源高度发达地区已经向高等教育“普及”化阶段迈进。从各国发展的历史经验来看，高等教育由“精英”阶段向“大众”及“普及”阶段发展过程中高等职业教育起到至关重要的作用，而且高等职业教育必将蓬勃发展。

(三)构建现代职教体系促进高等职业教育发展

高等职业教育作为现代职教体系中的重要组成部分，在办好现有专科层次高等职业(专科)学校的基础上,发展应用技术类型高等职业院校,培养职业人才;应用技术类型高等学校是高等教育体系的重要组成部分,与其他普通高等职业院校具有平等地位。

第二节　高等职业教育的理论基础

一、高等职业教育的性质

性质是某事物区别于其他事物所固有的特征和要素。高等职业教育作为一种人才培养模式,区别于其他类型教育的主要特征,就是高等职业教育本身所固有的性质。

(一)高等职业教育的高等教育性质

高等职业教育是我国高等教育的重要组成部分。要大力发展高等职业教育,培养一大批具有必要的理论知识和较强实践能力,生产、建设、管理服务第一线和农村急需的专门人才。

从高等教育的定义看高等职业教育的高等教育属性。高等教育中的"高等"二字是就教育层次而言的,区别于中等和初等教育。一般认为,高等教育具有两个基本特点。

第一,高等教育是建立在中等教育基础上的专门教育,以培养高级人才为目标。高等教育学生的起点要具有中学毕业水平,因为如果起点太低,就很难掌握高等教育高级、精深、复杂的专业知识。而专门教育是相对于普通教育而言的,是指培养某一领域专业人士的教育,是为公民未来的职业生活做准备的教育。普通教育则是指实施普通文化科学知识的教育,要使学生掌握人文科学、社会科学和自然科学的普通知识,使他们具有基本的文化修养和处理社会问题的能力,其目的是为公民未来的社会生活而非职业做准备。传统上,普通教育主要在中小学进行,专门教育则主要在高等教育阶段进行。可见,高等教育是一种为专业工作或职业生活做准备的专门教育。高级人才则主要表现为培养的人才知识含量高、成熟度高、适应社会能力强等。这一特点是就高等教育的性质和任务而言的,它表明了高等教育在知识含量和培养人才水平上的"高"。

第二,高等教育实施对象——学生的年龄大都在十八岁以上,其心理和生理发展已经成熟。这一特点表明,为了适应高等教育的第一个特点,其教育对象在身心发展方面必须处于比较成熟的阶段,为培养能够掌握"高"的知识含量,成为"高"的人才奠定生理和心理基础。

这两个特点是高等教育的基本特点,高等教育的其他特点大都是从这两个特点中滋生出来的。当然,随着社会经济和高等教育自身的发展以及高等教育研究的深化,对高等教育特点的认识或许会发生巨大的变化,但是这两个基本特点是不会发生变化的,因为它们反映了高等教育的基本属性。

根据高等教育的这两个基本特点来分析高等职业教育,就可以发现,高等职业教育也具有高等教育的基本属性,它属于高等教育的范畴。一方面,高等职业教育是建立在中等教育的基础上的专门教育,以培养高级人才为目标。高等职业教育是建立在中等普通教育和中等职业教育的基础上,表现在高等职业院校的招生主要是面向普通高中毕业生和中等职业教育毕业生；高等职业教育是专门教育，表现为其专业设置是直接面向社会职业岗位，在教育形式和教育内容上分别是分科的专业教育和专门的职业技能学习，是为公民未来的职业生活做准备。在人才培养目标上，高等职业人才是智能含量上较中等职业教育所培养的技工更高的技术型人才。另一方面，从高等职业教育的对象来看，高等职业教育所面对的学生其年龄大都在十八岁以上，心理、生理发展都已成熟。

（二）“高等职业教育的高等教育属性”的深刻内涵

虽然“高等职业教育属于高等教育”这个说法已为人所熟知，但在实践中，人们对它的理解似乎还仅限于其表面，尚处于含糊的状态。高等职业教育的高等教育属性的意义需要作进一步的分析。

1.高等职业教育应进行专业性活动

高等职业教育是职业性的教育，而不是专业性的教育，这是高等职业教育与学术型普通高教的根本区别之一。

专业活动的产生源于对知识和技能的管理。当知识和技能总量少、复杂性不高的时候，尽管也存在一个管理和传授的问题，但这种管理和传授相对而言是一件简单的事情，由于这种简单性，专业活动的重要性被掩盖了。当知识和技能的总量和复杂程度开始增加时，专业活动的重要性开始显现。因为人的时间和精力是有限的，在面对大量的知识和技能，其中还存在大量无用之物的情况下，全盘接受和吸收是不可能的，也是不必要的，所以，教育者必须仔细进行鉴别、挑选，找出受教育者需要的知识和技能；而且，还必须对它们进行加工和提炼，把其中最核心的、最本质的要素提取出来，传授给受教育者。所以，任何教育教学活动都要有专业活动的参与，没有专业活动就无法进行教育教学。

对高等教育而言，基于知识和技能的专业性和教育过程的复杂性，专业活动具有极其重要的意义。专业活动必然要成为高等教育活动的重要组成部分，专业性必定要成为高等教育的基本内涵；没有专业性，很难被称作为高等教育。

作为高等教育的重要组成部分，高等职业教育需要专业活动，专业性应成为高等职业教育的基本内涵。高等职业教育是由中等职业教育发展而来，当职业教育只有初等、中等层次时，它是比较简单的，知识和技能含量少，复杂程度低，几乎不用进行专业活动。但当它发展到高级形式时，随着知识、技能在深度和广度上的提升，就出现了一个如何对日益庞大的知识和技能进行管理和传授的问题，而要解决这个问题，就必须进行专业活动。因此，专业性必然会成为高等职业教育的基本内涵。同时，这种必要性还表现在：第一，专业化保证了高等职业教育规范化发展。通过专业化，高等职业教育的教学体系将更加科学，开展的教育教学活动将更有依据。因而，对高等职业教育自身专业性的肯定，是高等职业教育深化教学改革的动力，并使之走上健康发展轨道的保证。第二，专业性决定和体现高等职业教育前进的方向，是高等职业教育发展的内在力量。在信息社会或知识经济社会，人们越来越多地依靠正确的理念，正确的理念能够推动教育实践朝着正确的方向发展。

2.高等职业教育需与社会密切联系

高等教育与普通教育的区别之一就在于高等教育与社会有着更为密切的联系，这种密切的关系集中体现在高等教育较之普通教育，其培养的人才是直接为社会服务的专门人才；高等教育还可以通过科研活动创造出新的知识，传播先进的文化；高等教育与社会的联系还表现在它能够直接为社会服务。

作为高等教育中的一个重要组成部分，高等职业教育也必然具备这些职能，必须与社会紧密地联系在一起。事实上，职业教育作为一种“为职业”做准备的教育形式，与社会的紧密联系是其生命力之所在；而作为职业教育的高等形式，高等职业教育同社会的联系与中等职业教育相比是在更高的水平上进行。但由于我国当前的高等职业教育主要以专科为主，发展程度还比较低，与社会经济发展的联系还只是建立在一种较低的水平上，是一种极为有限的“密切”。这种状况无疑对高等职业教育本身和社会经济的发展都是不利的。与此同时，高等职业教育还需密切与政治、文化的联系。从高等教育的发展历史来看，政治和文化因素（如政策法律的支持、传统文化的影响等）对高等教育的发展起着重大的推动作用，高等职业教育的发展亦为如此，所以，在高等职业教育的发展研究中，须正确认识到高等职业教育与社会的紧密联系性，并充分利用这种联系。

（三）高等职业教育的职业教育性质

教育是培养人才的社会活动，教育对社会经济发展的促进作用，是通过培养人才实现的，这是各类教育的共同特征。高等职业教育在人才的培养实践中，其鲜明的个性特征就是职业定向性。即在人才培养过程中，高等职业教育表现出很强的职业岗位针对性、实践性以及对职业岗位变化的适应性。我们研究高等职业教育的职业性特征，不仅有利于加深对高等职业教育本质特征的理解，对理解高等职业教育与普通高教的异同之处，以及更好地理解高等教育的本质属性与功能，亦有很强的启示作用。

不同类型的专业教育，在职业性特征上有着各自鲜明的特征。高等职业教育与普通高教的职业性特征就有着非常明显的区别，这种区别主要表现为高等职业教育具有很强的职业岗位针对性、实践性以及对职业岗位变化的适应性。

1. 针对性

职业岗位（群）是高等职业教育安排所有活动的出发点和依据，它不同于普通高教，普通高教不是面向特定的职业岗位，不是为某种特定的职业岗位做准备的教育，其职业性更多的表现在较为宽广的适应能力。而高等职业教育培养的人才所具备的职业岗位针对性比普通高教更强，其所有的出发点都是为了匹配职业岗位。

高等职业教育的目的就是为特定的职业岗位培养所需的人才，重点在于职业能力的获得。因此，国民经济职业体系就是这套知识体系的构成基础，其设定的专业如美容专业、秘书专业等都是根据职业岗位（群）进行的，而不是根据学科进行的；其课程和教学计划的安排都是和职业岗位（群）的职业能力相适应的，而不是为了符合学科要求；其业务目标是为了改善或谋求某种职业，所以它的关注点是从业务上对从业人员、行业和职业岗位提出要求，将相关的知识和技能提供给所需的职业岗位，而完整和系统的学科理论则不是其要追求的重点；它要学习的是基础理论，掌握应用技术和本专业所需的高新技术；其能力结构是用横向型来体现复合性的。从教学工作的角度而言，教学工作的组织原则要遵循“符合职业岗位实际”;不同专业的教学计划、知识能力结构和学生具备的素质是职业岗位明确需求的基础;对学生是否熟练地掌握了职业技能和技艺进行考核,并做出评价。职业资格证书是高等职业教育连接社会的纽带,而非单纯的学历文凭。总而言之,职业性与“职业岗位(群)”在高等职业教育中有着紧密的联系。

2. 实践性

高等职业教育培养人才的方向是技术型,所以重视实践能力的培养成为高等职业教育的重点,这是由其人才特性决定的。高等职业教育职业性的实践性特征主要表现在:高等职业教育培养的人才针对的是服务和生产的一线,是以基层为主的,能够在生产一线熟练运用各种服务、技术和管理等人员才是培养的主要目标,而非研究新的工艺、产品和技术;其教学过程的重点在于应用不同的技术培养实践能力;在职业教育中,比重较大的是实训部分,所以上岗实践训练就必须在校完成,这样学生在毕业之后就可以进入工作岗位;高等职业教育需要双师型的专业教师,教师同时也要具备实践能力,此外,还要注重来自生产第一线的兼职教师的作用,更要有与现场相近的实验设备和实习训练场所,这样才能培养学生解决不同问题的能力。

3. 适应性

职业性的特征是普通高教也具备的,但普通高教基本都是间接联系市场和社会经济的,而不是直接的。普通高教的职业针对性并不强,也不需要根据特定的职业岗位来设置知识体系、课程和专业,重点在于知识和能力结构的构建,这使普通高教受到的职业岗位变化带来的影响远远低于高等职业教育。所以,普通高教与学科联系的密切程度要远高于与社会职业岗位联系的密切程度。

而高等职业教育天生就和经济发展有着密切的联系,因为高等职业教育是在工业经济时代得到蓬勃发展的。通过实践能够证明,高等职业教育的发展离不开经济的进步和市场的需求,高等职业教育必须扎根于经济和市场这两块肥沃的土壤中。因此,高等职业教育要根据社会职业岗位的实际需求来制定发展方针,高等职业教育要想发挥作用,得到更好的发展,就必须符合社会职业岗位的需求。

(四)高等职业教育的技术教育性质

技术型人才既要掌握自己专业领域内的基础知识和理论,还要掌握相应的生产操作能力,能够将相关技术转化为实际的物质,可以组织现场的生产,并给予相关的技术指导,解决生产中遇到的不同问题;还要给工艺、设备和产品提出相应的改进意见,擅长使用和交流不同的信息。这种复合型人才有着扎实的专业理论、较强的组织能力和熟练的生产技术。技术型人才展现出的这种需求特征决定了高等教育在此领域有所作为。这种高等职业教育就属于“技术型”。

二、高等职业教育的特征表现

特征是事物所具有的特殊象征或标志。如果说,理清高等职业教育的性质与功能,是为大力发展高等职业教育扫清观念上、战略上的障碍的话,那么,把握高等职业教育的特征则为其人才培养目标的设置、人才培养规格与模式的确定，提供了方向性的指导。因此，正确把握高等职业教育的特征对高等职业教育乃至整个教育体系的健康发展都有着十分重要的意义。总体而言，高等职业教育的基本特征主要体现在它与学术型普通高等教育的区别上。

（一）高等职业教育培养目标的实用性

教育是按照社会要求培养受教育者的活动。当前社会对人才的需求体现出高素质、多类别、多层次的特点。总体而言，需要两大类人才，一类是少而尖的学术型人才和高技术人才，他们主要从事的是探索、发现自然界和人类社会的奥秘，不断"认识世界"的工作；另一类是大众型的应用型人才，他们运用已知的自然和社会发展规律，为社会谋取直接利益。而应用型人才又可分为工程型人才和技术应用型人才。高等职业教育具体的培养目标比较多样，几乎覆盖社会的各行各业，但就其人才类型而言，主要是实用性的技术型人才。

1.人才培养标准方面

在人才培养标准上，强调学生应用知识的技能和解决实际问题的能力。高等职业教育的教学指导思想就是要让学生获得相应职业领域的能力，其教学计划、课程及质量评价标准都以使学生获得能力为导向进行编制，一切教学工作都以使学生获得相应职业领域能力为出发点和终结点。高等职业教育人才培养要达到的能力标准涵盖以下相关内容。

①相应职业领域的能力是一个职业能力与其他相关能力的综合概念，包括知识、技能、经验、态度等为完成职业任务、胜任岗位资格所需要的全面素质。

②科学技术的迅猛发展使社会职业岗位的内涵和外延一直处于不断的变动之中，因而高等职业教育所培养的人才能力不能仅局限于胜任某一具体职业岗位的能力，还要使学生获得对职业岗位变动的良好适应性和可持续学习的能力基础。

③技术型人才往往是现场工作群体中的重要人员，因而他们所应具备的能力构成中，合作、公关、组织、协调、创新及风险承受等"关键能力"或"基础能力"以及良好的品行和职业道德修养具有特殊的重要性。

2.人才的服务对象方面

在人才的服务对象上，高等职业教育培养的是面向基层、生产和服务第一线的实用型人才。高等职业教育作为职业教育的重要组成部分，与经济、企业的关系最为直接，是科学技术向现实生产转化的重要途径，在实现"两个根本性转变"的过程中发挥重要的作用。

当今世界人才的竞争，除研究、开发型人才的竞争外，相当程度上是生产、管理和服务第一线实用型人才整体素质的竞争。发展高等职业教育，培养生产第一线的技术应用、技术管理和服务的实用型人才，是我国改革开放和经济建设、社会发展的迫切需要，尤其是一些资金密集、技术密集型的行业及经济发达或正在走向发达的地区，高等职业教育人才培养的实用性特征就更为明显。

（二）高等职业教育专业设置的职业性、市场化

专业设置是高等职业教育与社会需求相衔接的纽带，是学校能否主动、灵活地适应人才市场变化的重要环节，是高等职业教育适应和满足社会需求的切入点。在社会主义市场经济条件下，各种需求都在价值规律、供求规律和竞争规律的作用下体现为一种市场需求。一

方面，高等职业教育人才培养目标决定了它与本地区经济发展有着更为密切的联系，专业设置直接面向地区性市场；另一方面，由于科学技术的迅猛发展，产业结构调整步伐加快，市场供求关系瞬息万变，因而社会职业岗位群的不断分化与重组必然导致高等职业专业设置不断随之调整、发展。因此，高等职业教育在专业设置上，必须以市场需求为导向，面向生产、建设、服务、管理一线，以地区产业结构和社会人才需求变化趋势作为确定专业主体框架的主要依据，使专业设置既能充分适应行业或产业结构长期变化和发展的趋势，又具有快速调整能力，能够及时跟踪社会职业需求热点转换，而不能像学术型普通高等教育一样用专业目录去规范和限制。

在传统教育体制下，我国高等学校的人才培养模式及其专业设置基本上是固定不变的，学校因办学条件而设置专业，因专业设置而招收学生。且学校只管教书育人，对社会发展的需求与市场的需要很少过问，使得培养出的许多学生毕业后用非所学。这是办学资源的浪费，也是人才资源的浪费。而在市场经济高度发展的今天，作为我国市场经济衍生物的现代意义上的高等职业教育，其生命力之所在就是专业设置紧贴社会，培养具有综合职业能力和高素质的、直接面向生产一线的技术、技能型人才。

（三）高等职业教育教学过程的实践性

高等职业教育的培养目标是素质高、能力强、上岗快、用得上的技术型人才，这一培养目标决定了学生在校期间必须完成上岗前的实践训练。因此，高等职业教育整个教学过程的实践性特征非常突出。纵观世界各国成功的高等职业教育，无一例外都是以突出实践教学为特征的，如德国的“双元制”、加拿大的以能力为中心的教学思想、澳大利亚的模块式教学等。高等职业教育教学过程中的实践性特征突出表现在如下三个方面。

1.教学计划上突出对能力的培养

高等职业教育在教学计划的制订上突出对学生职业能力的培养，这与普通高等教育在教学计划的制订上，以突出学生对理论知识的掌握为主线有很大区别。同时，高等职业教育教学计划的制订是在社会调查的基础上，从职业分析入手，借鉴能力本位教育 CBE(Competence Based Education，简称 CBE)的思想，按岗位或岗位群的职业要求，将综合职业能力分解成若干项专门能力，有针对性地设置相应课程，并聘请企业界有关专家，对教学计划的可行性进行论证，以优化课程设置。为避免因培养周期较长所带来的弊端，高等职业教育对教学计划的实施进行动态管理、滚动修订，以保证课程设置和教学内容的科学性、先进性及人才的职业适应力。

2.教学内容上理论与实践相结合

技术技能型人才的总体特征是理论技术与经验技术相结合，为此高等职业教育在课程内容上比较注重使学生掌握理论技术所必需的理论基础及相应的应用能力。分析国内外一些高等职业教育的课程内容，发现实践教学在教学计划中占有较大的比重，理论教学与实践教学的课时比例一般都在1∶1左右。

在课程结构上，高等职业教育强调把学生能力的培养放在突出位置，其理论课程体系是为专业综合理论和专业技术能力服务，主要包括专业理论和基础理论两类，它们共同支撑着高等职业人才的持续发展和适应能力；而实践课程体系则是为培养专业技能、职业能力服务的，主要是直接反映当前职业岗位工作需求的专业技术知识，具有较强的就业导向性。

3.注重突出实践性教学环节

衡量高等职业学生的学习效果，很大程度上是以培养目标所要求的知识和能力为标准的。所以，高等职业学校在教学过程中都比较突出实践性教学环节的重要性。一般而言，在其教学计划的编制上应安排足够的实训时间，以使学生具有较强的职业技能和实践能力。为使实践性教学环节得到有效落实，高职学校应重视实训场所和设施的建设，如注重建立现代化的校内专业实训基地，以供学生进行现代化的技术手段操作模拟训练；建立稳固的校外训练基地，以保证学生的综合专业技术实习落在实处，使学生的实习与专业技能实践形成有效的衔接；开展丰富多样的与本专业相关的实践训练、社会调查、社会服务等活动，以提高学生的综合素质和全面能力，使技能培训制度化、规范化，在教学计划中通过专门安排基础技能训练、专业技能训练、顶岗实习等实践性教学环节，明确规定各专业学生在校期间所应取得的操作技能等级证书，以作为学生质量获得社会公认的"合格证"。

4.培养模式上突出用人部门的参与

用人部门（单位）直接参与到高等职业教育培养人才的过程中，这是和普通高教的不同之处。高等职业教育之所以需要用人单位参与进来，就是因为培养的人才要符合一线生产、管理和服务的要求，只有和办学伙伴之间建立联系，才能更快更好地达到培养目标，让教学质量得到提升。在人才培养的过程中，用人部门可以为人才培养目标的完成提供许多的便利。

一方面，随着科技的飞速发展，新知识、新技术层出不穷且更新速度快，而掌握最新实用技术和具备较强的技术创新能力是高职教育毕业生的特色之所在，因此，高校必须与企业等用人单位密切合作，使企业直接参与培养过程，从而为教学提供一个真实的职业环境，适时跟踪高新技术在生产领域中的应用，才能使学生受到专业技能、职业岗位能力的最佳训练。

另一方面，缺乏的师资力量、教学设备和学校实训场地都能够在用人部门的帮助下得到解决，让教育资源得到科学、合理的配置和利用；可以让高等职业教育根据社会职业岗位需求来设置教学方案和专业，提高高等职业教育建设的专业程度，使其更加贴合市场的需求。

第二章　高等职业教育资源配置

第一节　高等职业教育资源配置的理论基础

一、教育资源配置的理论基础

(一)教育资源配置的人力资本理论

1.人力资本的内涵

在教育资源的分配中,人力资源起着至关重要的作用。在各种资源中,人是能够产生巨大经济价值的最具有活力的资源。人力资源聚集产生的集聚效益,可以充分地促进高等职业院校的人力资源分配。物质资本主要是土地、厂房、机器设备、产品等。任何事物,既需要有量的规定性,也需要有质的规定性,对一件事物性质的完整描述包括质和量的统一,特别是在人类告别大批量标准化生产时代后,当今时代的产品和服务逐步地向定制化、多样化方向发展,质的方面的特征成为某一事物区别于其他事物的根本性特征。如我国的家用电器的发展,产品对消费者需求的适合程度决定了厂商的成败而不单单依靠于商品数量。同样,资本的评判也要求我们要更加关注资本在质的方面表现出来的特征。判断一国人力资本状况,就需要把劳动者数量以及劳动者的工作能力、工作强度、技术水平和熟练程度等综合起来加以考量。

可见,较完整的人力资本概念可以表述为:"体现在劳动者身上的、以劳动者的数量和质量表示的资本;它能促进经济增长和个人收入的增加,是一种生产性资本。或者更准确地说,人力资本是人们在自己身上投资所获得的、能够增加个人未来收入、促进国民经济增长的知识和能力。"

根据人力资本理论可知:

①投资物力资本的效果没有投资人力资本所取得的效果好。生产性投资是经济增长必不可少的推动力,而生产性投资又包括物力资本投资和人力资本投资,但两者相比,人力资本投资更加重要。

②教育投资是人力投资的核心。人力投资虽然有多种途径和形式,但其核心部分是教育投资。由于经济增长的关键是通过提高劳动力素质来大大提高劳动生产率,而提高劳动力素质和劳动生产率的主要途径是教育。因此,教育这种生产性投资对经济增长具有举足轻重的作用,教育投资增长速度应该大于物质资本投资增长速度。

③人力投资应作为资本投资的重点。在科技革命迅猛发展的形势下,要不断提高劳动力素质和劳动生产率,必须加大人力投资,不断积累人力资本。许多国家的教育投资随着社

会财富的增长而相应增长，从而保证了其国民经济的持续发展，因而，其投资的重点也从物质资本转向人力资本。

2.高等职业院校人力资本的分类

高等职业院校人力资本可以泛指高等职业院校中从事教学、管理和后勤服务等方面工作的教职工总体所具有的劳动能力的总和。高等职业院校人力资本大致划分为三个方面：①管理者人力资本，即指行政管理人员，也叫决策者的人力资本，其中典型代表是校领导的人力资本；②直接生产者人力资本，主要包括教师和科研人员，这是高等职业院校存量最大、价值最高的人力资本；③间接生产者人力资本，主要是指后勤服务人员和教辅人员，随着高等职业院校后勤社会化改革的推进，这部分人力资本的重要性逐渐减弱。

（二）教育资源配置的市场化理论

在社会主义市场经济条件下，只有通过市场机制调节才能实现高等教育事业自身的生存和发展，市场机制在高等教育资源配置中发挥着重要的作用。为了正确认识和评价市场机制在高等职业院校教育资源合理配置过程中的地位和作用，为了实现高等教育资源的合理配置，需要考察高等职业院校教育资源的市场配置机制。现在从以下三个方面来论述教育资源的市场配置。

第一，商品交换的场所是指高等教育市场的要素市场，由主体、客体和价格三个要素组成，三者缺一不可。高等教育市场同样也要具备这三个要素。对于高等教育市场而言，主体是指参与高等教育市场交易活动的社会组织和个人，客体是指高等教育服务，价格就是指所提供的高等教育服务的价格。在社会主义市场经济条件下的劳动交换过程中，高等学校及其教职工是高等教育市场上的主体，同时也是高等教育服务的生产者；购买和消费高等教育服务的主体则是求学者。从经济意义上来讲，高等教育服务的生产者与高等教育服务的消费者之间，是高等教育服务的供给与需求的关系。作为高等教育服务宏观调控者的政府，它主宰着高等教育市场的生产、分配、交换和消费，并参与分配和交换，但政府并不是高等教育服务的生产者和消费者。政府、高等学校、其他社会组织和求学者在高等教育服务的分配中发挥着重要的作用，并且和其生产、交换和消费相联系。从某种意义上来讲，高等教育服务的分配问题等同于高等教育资源的配置问题，因此，高等教育资源的合理配置与高等教育服务的生产、分配、交换和消费息息相关。我们经常说，高等职业院校是为社会培养人才的专门机构。高等教育市场的价格就是指主体提供的高等教育服务的价格。在高等教育服务的价格这一要素中，学费是高等教育服务价格的主要表现形式。在现实中，高等教育服务价格由高等教育服务价值决定，而这是通过高等教育市场来实现的。而在高等教育市场中，对高等教育服务价格产生重要影响的因素是高等教育服务的供求关系。

第二，市场适度调节和市场经济条件下的高等学校教育资源的配置。当高等教育资源的配置结构发生变化时，高等学校应主动借助市场的力量来促进自身的发展，增强活力、实力，形成办学特色。因为市场机制的自发性、无序性等特点，政府必须加强宏观调控，市场只能是适度调节。在市场经济条件下，市场是高等教育资源配置的主导者，高等教育资源配置的基础是市场经济体制，本质是使市场机制在教育资源配置中起基础性作用，功能就是通过优化资源配置，实现效益和效率的最大化。在计划经济体制下，政府是高等教育资源配置的主体，直接调控，结果必然是低效的；在市场经济体制下，市场是资源配置的主体，采用市场机制，间接调控，其结果必然是高效的。在建立社会主义市场经济体制的过程中，采用市场机制来配置教育资源是最好的也是唯一对我国高等教育有利的选择。

第三，影响高等教育服务价格的重要因素。高等教育服务的供求关系是影响高等教育服务价格的重要因素。高等教育服务的需求应该是有效需求，即具有支付高等教育经费能力的需求。影响高等教育需求的因素有高等教育服务的效用；个人的收入；政府对高等学校的拨款；市场规模；对个人高等教育投资回报的预期值；向高等职业生收取的学费；高中毕业生人数；人才市场供求状况。前五个因素与高等教育服务的需求呈正相关关系，后三个要素则呈负相关关系。影响高等教育服务供给的因素有成本；人才市场供求状况；相关专业教育服务的价格；高等教育服务价格；政府的投资倾向；同类高等学校的数量。前两个要素与高等教育资源呈负相关关系，后四个要素则呈正相关关系。高等教育服务供求变动对高等教育服务价格有何影响呢？第一种情况是假定高等教育服务供给不变，当高等教育服务需求增加时，高等教育服务价格上升；反之，价格下降。第二种情况是假定高等教育服务需求不变，当高等教育服务供给增加时，高等教育服务价格呈下降趋势；反之，价格呈上升趋势。在一定条件下，政府在市场经济条件下要运用计划机制来调控高等教育发展，以确定高等教育服务供求平衡的价格和这个均衡价格中公费和自费所占的比例，从而实现高等教育资源的合理配置。总之，在高等教育的市场化理论中，由于教育具有外部性，所以从事教育的管理者应具有前瞻性。同时，由于市场机制存在的缺陷和失灵现象，决定了政府要发挥在其中的调控作用；以及在引入市场机制的过程中，不能仅以经济标准作为判断标准，还必须用高等学校的特殊价值准则作为判断的标准。

二、高等职业教育资源优化配置的机理分析

（一）高等职业教育资源优化配置的目标与实质

人类的生存发展离不开各种经济、社会资源，它们是人类赖以生存的基础，所以都具有稀缺性。教育资源作为一种必要的经济资源，它的优化配置问题一直是社会比较关心的问题。随着知识经济时代的到来，人们对于教育资源的需求越来越大，要求越来越高，但是教育资源的供给却是有限的，因此，实现教育资源的优化配置成为一个刻不容缓的问题。

高等职业教育资源优化配置的实质在于配置方式的选择，即选用何种方式能够使有限的资源利用得更加合理和充分，实现整体利益最大化。而这种配置方式又受各种因素的影响，如经济发展水平、政府政策、学校规模、学校办学理念、学校类型等。经济发展水平程度高，政府对教育的扶持力度大，则教育资源更加充分，在分配时的灵活性更大。学校规模大，师生众多，对教育资源的需求会更大。如果学校的主要任务是教学，培养的学生素质高，那么就认为资源配置效果不错，是有效的。

资源配置的目标就是人们对教育资源进行配置所希望达到的效果。但由于资源配置的角度不同，它的目标也就不一样。从宏观和微观的角度出发，可以将资源配置层次分为两

种。一种是站在整体的高度，将有限的资源分配到不同地区、不同产业，让每种资源找到最适合的应用领域和发展方向；另一种是站在具体的角度，即已经指定资源的运用领域与方向，让某一个单位或者产业充分有效地利用这些资源，实现资源利用最大化。

教育资源作为一种经济资源，从不同的角度看，它的配置目标也是不一样的。一方面，从微观看，它的目标是在教育资源已经确定的情况下，学校管理者运用自己的管理能力与知识，充分调动各方面的人力、物力、财力，在满足学校正常运行的同时，确保自己教学目标的实现，这就是资源优化配置的目标。另一方面，从宏观出发，如何让全社会的教育资源在各个不同高等职业院校、教育单位之间得到合理的分配，并且保证资源流向利用最充分的部门或者单位，这才是宏观层次上的配置目标。两种目标是相辅相成的关系，如果宏观目标得到很好的实现，微观目标也就容易达到。例如，如果政府支持西部地区教育事业的发展，那么西部地区的学校受相应政策的扶持与资金的援助，教育事业会发展得更快。但是，这是一个包含概念，由于高等职业院校教育资源受限制，如果出现分配不公平现象，一定会影响到每个高等职业院校教育资源的利用情况，如果资源流向规模小、利用效率低的学校，势必会造成教育资源的极度浪费，造成社会效益的降低。相反，如果分配公平，高等职业院校通过扩大规模和进行内部教育体制的改革，不断提高自己的办学效益与质量，那么教育资源也会得到充分的利用，使利用率不断得到提高。

经济资源的配置，在商品经济时代，无论在哪一种经济制度下，都有一定的规律。教育资源的优化配置也不例外。配置目标的实现需要通过一定的价值评判标准来判断。

（二）影响高等职业教育资源优化配置的因素分析

对于教育资源的定义，学者们各有释义，众说纷纭。人们通常所说的教育资源，实际上指的就是教育经济资源。教育资源不仅仅指的是进行教育活动所花费的物质资源，它是指在进行教育活动的过程中，所有投入的人力、物力和必须花费的财力。教育资源的产生涉及各个个体与群体，不论是国家、企业、个人，都是与其息息相关的。与教育资源相关的是教育产业，如果教育产业蓬勃发展，为社会和个人带来巨大收益，那么社会对教育资源的关注度就会增加，出于投资收益率高的目的，教育资源也会更加充沛。国家实力强，对教育的扶持力度大，不管是在财政支持方面还是在对高等教育的实施者的培养方面，都对教育资源的优化配置有着重大影响。

要想教学资源得到优化配置，就得保证教学资源量的充足，当然不是说教育资源的无限供应，这也是不可能的，而是尽量满足整个社会对教育资源的需求的一个量。只有“蛋糕”充足，才能进行下一步的“分蛋糕”。

在商品经济时代，教育资源是被作为一种“商品”来对待的，而商品在市场上，就会受到市场价值规律的影响。市场出清是一种良好的商品市场状态，即产品供给和需求达到平衡，这当然是实现资源优化配置的良好方式，教育资源亦是如此。但是在现实生活中，教育资源的需求和供给总是不平衡、不一致的。现有的教育资源始终不能满足不断增长的教育需求，即使是基础教育都已实现了义务教育，按理说这方面的供给和需求是平衡的，但是，在某些地区，两者失衡是常见的。对于非义务教育来说，以高等教育为例，教育资源需求和教育资源供给不平衡是普遍、正常的现象。

导致这种不平衡的原因主要有两个：一是教育资源的短缺。比如义务教育，政府是以分配公共产品的方式来服务社会的，费用的减免使得该需求大大增加，这不仅仅是数量上的增加，还伴随着提供方式的大量增加。加上区域之间教育发展的基础本就有差距，短期内要达到相同的目标，某些地方的教育资源就显得不足。对于非义务教育而言，高等教育在短短几年的时间进入“大众化”，社会对高层次教育的需求不断增加，但是教育资源却不能现存，从而造成明显短缺。二是结构的不合理。在义务教育方面，主要问题是学校设置与师资力量的配置，不仅是专业教师的配置不平衡，而且教师的受教育水平也不平衡。对非义务教育来说，相对的不平衡是正常现象，它是随着市场的变化而变化的，但就一个区域而言，严重的不平衡体现的不是结构的不合理，而是总教育资源的短缺，所以需要有计划、有步骤地增加各方面的投入，增强供应能力。

影响教育资源优化配置的还有另外两个重要因素，即公平与效率。教育资源分配的公平原则就是指人们享受教育服务机会的公平。在分配教育资源时，各高等职业院校、教育机构的各部门、各专业之间教育资源分配要合理公平。虽然研究者们都认为教育服务要公平，但对公平的价值取向标准及具体实施举措却有分歧和争论，很难统一标准。

教育资源分配公平的实现，是需要效率来保证的。教育资源分配方式的“效率”是要通过资源配置来实现的。如果存在一定的资源配置方式能够使各方面的参与者有较高的收益比率，那么就认为这种资源配置方式的效率是高的，是比较科学的。教育资源和其他产品、服务一样，在有效率的制度下，其使用价值会得到更充分的实现。教育资源的分配方式会影响社会人才资源的配置。教育资源流向侧重的领域，会生产出不同的专业人才，这对整个社会、经济、科技、文化以及生活有着重大的意义。所以在实现资源优化配置的过程中，都会把效率原则与公平原则结合起来，全面看待，不忽视任何一面，避免造成教育资源的浪费。公平与效率看起来确实存在很大的冲突，许多经济学家、教育学家试图把两者结合起来创造出更大的社会价值，有时候盲目地为了创造更高的教育分配效率而忽略了公平，或者牺牲效率增加公平。公平与效率在一定程度上是此消彼长的关系，有时候为了更多体现公平，可能以牺牲效率为代价，有时候为了提高效率不得不牺牲公平。现实生活中难以找到一种完美的解决方法既实现公平又提高效率，所以两者应该相互妥协，以达到双赢的效果，这样教育资源的优化配置才能更好地实现。

（三）高等职业教育资源优化配置的运行机制

教育资源属于教育产业的一部分，它的运行过程和其他产业一样，有着自己的运行机制，因此，必须选择和确定一种完善的机制，使其能够持续、有效地运行。教育资源配置机制的运行，受各种因素的影响，如人力资源、物力资源、财力资源、信息资源等，各种因素相互交错，支撑着机制的运行。人力资源是办好高等学校的关键因素，它包括教学人员、科研人员、行政人员、后勤人员等。物力资源主要涉及教学设备、教学楼、图书资料等。经济基础决定上层建筑，财力资源的来源主要是国家投资，学校日常生活的运转和发展都离不开资金的支持。信息资源主要是指当今世界的新思想、新文化、新概念，它属于一种智力资源。高等职业教育资源要素之间是相互联系、相互促进的，但是各要素所起的作用是各不相同的。

人力资源是高等职业教育的关键。试想：一个高等职业院校里没有教育工作者，没有学生，没有后勤工作人员，这个学校根本无法运转下去，更别提资源配置。师生资源相当于“机器”的主要材料，后勤人员相当于机器的零部件，缺少任何一部分都是不可以的。学校管理者应当重视对人力资源的管理，一方面发挥各类人才的才能，人尽其才，提高资源利用率；另一方面，加强人力资源的培养与开发，挖掘他们的潜能，使他们更好地为教学、为学校、为社会服务。

物力资源是高等职业教育的基础。教学活动的开展，人才计划的培养都需要一定的物力作铺垫。教学活动的开展需要有教学楼，需要有教学设备，科研活动也要有图书资料的辅助……有再好的人力资源，没有物力资源辅助，教育也无法产生价值与效益。由于物力资源的紧缺，高等职业院校应该尽量减少浪费。

财力资源是学校各种资源的货币体现，是高等职业教育的保证。教师的工资、职工福利费、社会保障费、教学设备的维修、教学大楼的扩建、教学补助金等费用的支出都是必要的，教学经费支出结构反映出教育资源利用率状况。教育机制的运行，需要各种资源的相互协调配合。

教育资源优化配置机制的运行，必须处理好以下几个方面。

第一，我国现阶段高等教育管理体制改革主要是合并、合作，通过重组来实现教育资源的高效利用。但这只是基础的一步，更重要、更核心的是实现教育体制的改革。正如经济体制的改革对中国发展的重要性一样，教育体制的改革创新同样不容马虎，但这一点却经常被人们忽略。

体制创新也是势在必行之举，随着高等职业院校合并、重组的进行，某些高等职业院校存在机构冗杂的现象。行政机构的“庞大”、后勤人员的“臃肿”已是屡见不鲜，所以有必要对这一类机构进行精减，改变原有管理和运行机制。同时，也只有通过创新才能建立符合不同高等职业院校发展需要的内部管理模式，每个高等职业院校都有符合自己实际情况的管理机制，而内部体制改革就是实现高等职业院校个性化发展机制的主要途径之一。

第二，教育资源优化配置的运行机制还要注重处理好分配的效率与公平原则。新的分配方式和过去的分配方式相比，在透明度和公开性方面已经有了明显的进步，这是符合市场经济的客观要求的。

第三，管理者的管理理念对于资源配置机制的运行也有重大影响。管理者的资源配置效率意识不强会影响到高等职业院校的可持续发展，因此，高等职业院校管理者要具备长远的战略目光，从长远发展的角度去思考高等职业院校生存与发展的种种问题。当然，教育机制的运行是一个复杂的过程，远远不止这些问题。

教育资源优化配置机制的运行是为整个教育产业服务的，是为广大受教育者服务的，也是为整个社会服务的。在知识经济时代教育产业的收益性随着人们对知识需求的增加而日益明显，只有对高等职业院校发展明确定位，突出重点，将人力资源摆在学校资源配置的第一位，同时不忽略对教育质量的追求，教育资源配置机制才能正常有序地进行。

第二节　高等职业教育资源配置的要素

一、高等职业教育资源的内涵及特性

(一)资源与高等职业教育资源

资源是一个经济学概念,是指用来进行增值的财富,包括自然资源和人力资源。作为资源,与其他有用物质的区别在于具有增值性,即资源利用者通过把有价物质投入到生产过程中,可以获得更大的价值。随着社会发展和科学技术的进步,资源概念不断地被许多领域所运用,资源的范围也在不断拓宽,如时间、信息这些非物质实体,也逐步被纳入资源的范围。

教育资源一般指的是教育活动中投入的所有的人力、物力和财力的总称,它是一个宽泛、模糊的概念。随着社会和教育的发展,教育资源的范畴也在不断拓宽,时间、信息以及校名等隐性资源也逐渐成为学校的一种资源。总的来说,教育资源可以分成两类,一类是物质资源,也称物化资源,主要是以物质为基础,包括教育资源应有的物力、人力和财力等;另一类为非物质资源,也可称作非物化资源,主要是在物化资源的基础上存在的一种无形的教育资源,包括教育时间、信息和其他无形资产等方面。而教育资源则是这两种资源的一个综合体,因而,教育资源也是一种组合资源。

高等职业教育资源是指确保高等职业教学、科研等活动有效运行而使用和消耗的人力、物力和财力。其中,高等职业院校人力资源主要指的是高等职业院校的教职工和高等职业院校学生。高等职业院校教职工包括教学教师、教辅教师、行政管理人员等,教职工的数量和质量能够在一定程度上反映出高等职业院校的人力资源水平。高等职业院校财力资源一般以货币化的形式表现,主要包括高等职业院校的固定资产等资源。时间在高等职业院校中也作为一种资源的形式,主要有两方面的特征,一是时间就是金钱,时间就是生命的瞬间性特征,二是时间的不可再生性特征。虽然说时间是无限的,但是高等职业院校教师和学生的时间是有限的,因此,在高等职业院校的发展过程中,需要抓住时间机遇快速发展。高等职业的教育不仅要掌握外部信息来制订学校教育发展、人才培养和校园稳定规划,更要掌握高等职业院校内部信息,以便能够正常开展高等职业院校的日常教学和科学研究工作,维持好学生生活各方面的秩序。高等职业院校的无形资产是高等职业院校教育理念的体现,主要涉及高等职业院校品牌建设、高等职业院校校风和学风建设以及高等职业院校特色教育建设。在过去,高等职业院校的无形资产往往被人们所忽视,但随着社会不断进步,人们观念不断更新,高等职业院校无形资源将不断被重视。一旦高等职业院校的无形资源被认知和认可,我们就既要有效保护,又要充分利用。

(二)高等职业教育资源的特性

对于高等职业教育来讲,无论是物化资源还是非物化资源都是非常重要的,二者缺一不可。纵观高等教育发展历史,高等职业教育资源具有以下几个方面的特性。

1. 高等职业教育资源的稀缺性

无论是古代的高等教育、近代的高等教育，还是现代的高等教育；无论是世界上经济发达国家的高等教育，还是经济发展中国家的高等教育；无论是精英阶段高等教育，还是大众化阶段高等教育，从整体性讲，高等教育资源是不足的，与其他资源一样具有稀缺性。不过，在不同历史时期，在不同经济体制的国家，在不同类型的高等职业院校，高等教育资源的稀缺程度是不相同的。如精英教育阶段教育资源的稀缺性就没有大众化教育阶段明显，发达国家高等教育资源的稀缺性就没有发展中国家突出，重点高等职业、知名学府教育资源的稀缺程度要比一般院校低。这是因为教育资源数量多少、质量高低，是与社会生产力发展水平密切相关的，不仅要受社会经济、政治、科技发展的制约，而且要受高等教育发展水平的制约。现今，为了能够保证高等职业院校的正常教学和科研，保证教育人才有效供给，世界上许多国家的政府制定了许多政策，如加大高等教育经费投入、进行高等职业院校体制改革、筹集资金等，以吸引更多的人才。然而，整体而言，高等职业的教育资源是有限的，它是一种稀缺资源，这种状况并不能在短时间内发生较大的改变。所以，有效配置高等职业教育资源，提高高等职业教育资源的利用率，是当今各院校急需解决的重要问题。

2. 高等职业教育资源的流动性与共享性

高等职业教育资源不仅具有变动性的特点，而且具有流动性特点。它不仅可以在校内流动，而且可以在校际间流动。随着知识经济社会的到来，网络信息技术的飞速发展，社会与高等职业院校关系的日益密切，校际间和国际合作不断加强，知识国界不断被打破，高等职业教育资源的流动性更为明显。不仅知识与人才资源可以流动，而且一些物力资源如实验室、图书资料等可以互用，一些财力资源如科研经费、科研成果等也可以共享。如今，人才流动和自主择业已经成为当前社会的发展趋势，资源的共享也成为世界发展的潮流，经济利益和社会地位以及生存环境都驱动着人才的流动。人们都会向往更好的生活，向往更好的工作环境，向往更好的发展机会，在市场经济条件下，高等职业院校的教师也是理性人，他们会利用自己人力资本的储备优势，为自己的流动增加筹码。因此，人力资源具有较大的流动性。当然，人力资源具有流动性的同时，也具有一定的共享性，即人的知识、技能可以被多家单位重复使用和所有。由此，一些用人单位提出"柔性"引进政策，对人才不求所有，但求所用，这是专门针对人才资源利用而创新的一种制度。

3. 高等职业教育资源具有可再生性与不可再生性

高等职业教育资源是一种综合性资源，既有可再生性资源如高等职业院校人才资源，又有不可再生性资源如时间、资金等。在一定程度上，高等职业院校的人才资源是一种可再生并且具有时效性的资源，其可再生性体现在人才资源可以不断地更替；而高等职业院校人才资源的时效性则体现在高等职业院校人才储备如果不加以利用，将逐步老化，在使用过程中也会因为知识的老化和人才劳力的老化而逐步消耗。因此，高等职业院校的人力资源需要进行一定的维护，并时刻补充被消耗的人才资源。加强高等职业院校教师培训，也是高等职业院校人才资源可再生性的一个重要体现。现代信息和技术更新速度非常快，作为高等职业院校的人力资源，只能通过不断地学习来保持自身人力资本的保值和增值。比如，一名高等职业院校教师在学术上的造诣或突破只能说明他在这个时期人力资本的积累比较好，然而如果他不与时俱进，不去不断地充实自己，不去不断地跟踪学科前沿和创新，那么他的个人人力资本的价值将随着时间的推移而不断下降。时间是一种不可再生的资源，人的生命有限，对高等职业院校人力资本的贡献也是有限的。因此，我们认为高等职业院校的人力资源是一种不可再生的资源，其具有不可再生性。例如，一所高等职业院校由于某一个管理决策的失误，可能会导致这所高等职业院校的发展停滞，相对于社会的发展，这种停滞便是倒退，这就意味着高等职业院校的人力资源将被浪费，而师生将不断地浪费时间资源。因此，在当今社会飞速发展、教育经费紧缺的情况下，高等职业院校必须利用好这些资源，一旦失去，将永不再生。

（三）资源配置与高等职业教育资源配置

资源是指在经济社会发展过程中所需的物质资源的总称，是经济社会发展的必要条件。物质资源都具有一定的稀缺性，资源配置是在相对稀缺的资源选择中进行比较而做出的较优的一种选择的过程。资源总是稀缺的，而人的欲望却是无限的，如何合理地利用相对稀缺的资源以在现代经济社会发展中获得最优的效益，将是资源配置的根本目的。资源配置得合理与否，将是一个国家或是社会团体发展成与败的重要影响因素。

经济机制是社会资源配置的动力机制，为了实现资源投入的最佳收益，对于不同层次的经济实体进行资源配置是非常有必要的。资源配置能够同时实现不同经济实体的利益，因而，以实现不同经济实体的利益而形成的机制便是它们进行资源合理配置的动力机制。在进行资源合理配置的过程中，需要及时、全面地获取相关的信息作为依据，而信息的收集、传递和分析都要通过一定的信息渠道，最终加以利用，因而，资源配置需要信息机制。同时，资源的配置还需要决策机制，需要构建权利体系。在不同的权利体系下，将形成不同的资源配置决策机制。

如何合理地利用高等职业院校的内部、外部资源以使高等职业院校快速发展便是高等职业院校的资源配置过程。高等职业院校资源包括人力、财力、物力资源，只有使这三者达到一个协调的状态，才能真正坚持高等职业院校的可持续发展。但我国高等教育起点较低，起步较晚，发展较慢，发展过程中存在着不同程度的问题。其中，资源配置不合理、使用效率低下是需要高度重视的问题。

有效的资源配置是实施高等学校发展战略的基本保障，同时，资源配置的机制和方式又是加强高等职业院校管理的有效调控手段。高等职业院校资源配置状况与使用效率直接影响着高等教育的发展。如果一个学校的资源配置不合理，使用效率低下，就会丧失竞争力，导致学校发展停滞不前，也难以实现学校的可持续发展。

二、高等职业教育资源的构成与配置要素的相关性

（一）高等职业教育资源的构成

高等职业教育资源作为一种组合性资源，其构成主要有两种，一是有形资源，二是无形资源。所谓有形资源是指客观存在的有形物体，如人力、财力、物力资源等；无形资源则是指

无形但最终能物化或使原资源增值的资源，如情报、项目指标、科技成果、智力等。无形资源配置一般要以有形资源作为“载体”。依据不同资源在高等职业教育活动中的作用，一般可将高等职业教育资源分为以下几类。

1. 人力资源

高等职业院校的人力资源一般是指高等职业院校投入到教育工作中的教学人员、科研人员、行政管理人员和后勤工作人员等。从广义上讲，高等职业院校人力资源还包括学生，因为高等学校服务的对象是有主观能动性的人——学生。学生的先天素质、学习动机、努力程度和入学条件等直接影响教育活动的效率。但由于学生一般处于消费者的位置，所以，在研究高等职业院校人力资源的配置时一般没有考虑学生资源。

高等职业院校教学人员和科研人员是高等职业院校人力资源的中坚力量，他们的整体水平代表了高等职业院校教学科研的水平。同时，高等职业院校人力资源中还包括了管理人员和教辅人员，他们也是高等职业院校人力资本中不可或缺的重要组成部分。高等职业院校人力资源是智力密集型资源，因此，在高等职业院校人力资源的结构配置过程中，需要合理优化教学、科研与管理、教辅这两部分人力资本的比例。

2. 财力资源

高等职业院校的财力资源是指高等职业院校以货币形式存在的高等职业教育资源，主要是资金资源，包括国家教育经费和社会私人或团体捐赠，也有一部分属于学生学费。当然，一般高等职业院校的财力资源仍以国家经费为主。高等职业院校的财力资源主要用途是支持高等职业院校正常活动和发展，其主要以个人消费和公用消费两个方面的消费为主。其中，个人消费包括高等职业院校教师、科研人员、管理行政人员等的工资、福利、奖金等，也包括学生的奖学金、助学金等；而公用消费包括设备购置、校园建设、公务费、出差补助等方面的费用。

3. 物力资源

高等职业院校的物力资源是指以实物形式存在的高等职业院校资源，主要包括学校的土地、建筑、实验设备、图书资料等物资资源的综合，高等职业院校的物力资源可以分为固定资产和低值易耗物品两大类。高等职业院校的固定资产一般是指高等职业院校物力资源的主要组成部分，是高等职业院校在较长的时间内会使用的所有物质资料的总和。对于高等职业院校而言，单位价值没有达到标准，但耐用时间大于一年的物资资源，如图书资料等也被称作高等职业院校固定资产。另一类低值易耗物品也属于高等职业院校物力资源，包括实验用品、各类材料、低值实验仪表等。为能有效地开展高等职业院校正常的教学科研工作，保证人才的培养，高等职业院校需要占有一定的物力资源，然而资源是稀缺的，高等职业院校必须提高物力资源的使用效率，减少物力资源的浪费。

4. 学科与专业资源

学科与专业资源是高等教育资源的重要组成部分，也是高等职业教育资源的特色所在。一个高等职业院校的学科水平和结构、专业水平和结构是一个高等职业院校的主体和特色，它是其他物力、财力等资源所不可替代的，是其他各个资源要素的统率要素，其他资源只有在学科与专业资源的基础上才能发挥作用。相反，如果一个高等职业院校的学科与专业水平低下，则会造成人力和财力的浪费。因为高等职业院校的学科和专业优势并不是人力、物力资源所能积累起来的，它是要靠高等职业院校在长期的办学实践中逐步积累形成的。而在一定条件下，高等职业院校的学科与专业优势也可以转化为物力资源，即高等职业院校的学科与专业优势越强，该高等职业院校其他资源优势也将会越强。因为高等职业院校具有较强的学科与专业优势，能够在一定程度上吸纳其他资源要素，并发挥作用。同时，高等职业院校学科与专业需要一个合理的结构，即要优化学科与专业结构，以适应专业方向对当前社会发展、科学技术发展方向和市场的需要，构建刚性和稳定的专业与学科结构，并使其具有较强的弹性和适应性。这种弹性和适应性能够较好地适应科学技术的发展和社会经济的建设，能够顺应社会、经济、文化、市场的需求变化。

5. 信息资源

信息资源是高等职业院校资源的基本资源之一，属于知识或智力资源，主要包括新知识、新思想、新概念、新文化、新技术等。随着信息产业的兴起，人类将进入高度信息化时代，信息资源在高等职业院校诸多资源要素中的地位也日益重要。高等职业院校作为社会信息开发、服务、加工、固化的重要"基地"，其在未来信息化社会中扮演着越来越重要的角色。高等职业院校通过教育，能够将有用的信息固化到受教育者身上，使其成为社会有用之才。这些都需要强大的信息资源储备，这些信息资源储备，也就是高等职业院校的信息资源。

6. 市场资源

市场资源也是高等职业教育资源的构成要素之一。随着经济社会的发展，高等职业院校已经由原来单纯的人才培养模式发展为产、学、研相结合的特殊办学模式，即高等职业院校现在的职能包括人才培养、科学研究、服务社会和文化传承创新，这四项职能也构成了现代高等职业教育的基本格局。高等职业院校的人才培养主要面对的是高等职业院校的生源市场和毕业生市场。就生源市场而言，学生选择进入高等职业院校学习深造属于一种个人投资行为；而毕业生市场，则是满足社会对人才的需要。当然，所谓的高等职业院校市场资源不仅仅只包括高等职业院校的生源市场和毕业生市场，还包括高等职业院校科研产品的技术市场和产品市场。

7. 声望资源

高等职业院校的声望资源是高等职业院校的无形资产，表现在高等职业院校的知名度上，也是高等职业院校教育资源的组成要素之一。因此，高等职业院校需要通过加大自身建设、增加综合实力来提升自身的知名度。知名度高的高等职业院校在一定程度上也更能够吸引其他更多的资源，形成资源优势。

（二）高等职业教育资源配置要素的相关性

高等职业教育资源要素之间是相互联系、相互促进的。高等职业教育资源构成是比较复杂的，各要素之间是相互关联的，但各自所起的作用不同。

1. 人力资源是高等职业教育的核心

人力资源的能动性、可变性和组合性特点决定了它在高等职业教育的核心地位。人才是最重要的资源，是学校发展的关键要素。教师是高等职业院校教学、科研的主力军，教师质量的高低成为决定一所高等职业院校好坏的主要因素。行政管理和后勤人员则是高等职业院校的骨与肉，尽一切可能为教学科研人员提供良好的环境和支持。在高等职业院校中，学校领导必须重视人力资源的管理，一方面必须加强对人力资源的合理利用，做到人才尽其用，提高利用效率；另一方面必须加强人力资源开发，充分挖掘其潜力。只有这样，才能充分发挥学校人力资源的作用。

2. 物力资源是高等职业教育的基础

为保证高等职业院校教学、科研活动有效开展和人才培养质量的提升，高等职业教育必须占用一定的物力资源，这是高等职业院校发展的基础。没有物力资源的高等职业教育是不存在的。学校办学必须有校园，教师上课必须有教室、教材，教师进行科研必须有实验室和仪器设备，学生学习必须有教室、图书馆和实验室等。如果没有一定的物力资源作基础，再好的人力资源也无法发挥作用，产生价值与效益。因为人力资源创造财富必须在一定的组织环境中，同其他形式的资源，如设备、信息资金等结合才能进行，所以，高等职业院校的建设需要投入一定的物力资源并将其优化利用，减少资源浪费，合理地配置资源。

3. 财力资源是高等职业教育的保证

高等职业院校财力资源是学校各项资源货币化的集中表现，它是学校开展一切活动的保证。无论办什么类型、层次的学校，都必须支付一定的经费，既有事业性经费支出和基础建设支出，又有高等职业院校教职工的工资、福利、保障经费及学生的奖学金、助学金等经费支出，还有一定的公务支出、业务支出和设备支出等公用经费支出。教育经费支出的结构能够直接影响教育质量，它在一定程度上能够反映教育资源利用的效率，从财力上反映教育资源配置结构和消耗量。例如，高等职业院校的事业经费支出较高将会降低基础建设支出的比例，从而造成学校建筑物破旧，试验设备不足或老化，导致高等职业院校教学质量的降低；而如果高等职业院校的人员福利支出较高将降低公务费用的支出，造成大部分教育经费用于支付教职工的工资福利，正常的教学科研活动就难以开展。因此，保证一定的财力资源，并保持经费支出结构的合理性，对任何一所高等职业院校来说都是非常重要的。

4. 无形资源是高等职业教育的支撑

办高等职业院校不仅要重视人力资源、物力资源、财力资源，同时还要重视一些无形资源或隐性资源。无形资源是高等职业院校发展的一种支撑力量。世界一流高等职业院校，不仅有一流的人力资源、物力资源和财力资源，而且还有一流的无形资源，如学校声誉、校园文化、品牌专业、课程和科技成果等。这些无形资源在学校生源市场、劳动力市场和科技服务市场上都发挥着重要作用。所以，任何一所高等职业院校都不可忽视对学校无形资源的开发、利用和保护。

第三章　高等职业教育评估的对策与发展

第一节　高等职业教育教学评估体系

一、办学定位

（一）办学定位概述

1. 办学定位内涵

要想明确办学定位的内涵，首先要弄清“定位”的含义。根据《现代汉语词典》的释义，定位至少包含以下几层意思：一是指确定事物的名位，如《韩非子·扬权》中提出：“审名以定位，明分以辨类”，意思是说要审查名的含义，辨明事物的类别，这里含有定义和划分的意思；二是指一定的规矩或范围，即是说要在一定的时空范围内进行定位；三是指用仪器等对物体所在的位置进行测量，亦指经测量后确定的位置，即要按照一定的价值标准进行评价定位。因此，办学定位是指在高等职业院校发展与竞争中，从全面和长远发展的角度出发，基于高等职业院校的共同愿景、自身条件以及高等职业院校的分类标准而对高等职业院校运营的重要方面做出的名位（即角色）确定，以及为此进行的一系列前瞻性战略思考和规划活动。其至少应当包括办学类型定位、办学层次定位、发展目标定位、培养目标定位、服务面向定位等几个方面。

2. 办学方向在办学定位中的作用

高等学校在确立办学定位时，首要的是需要解决办什么样的高等职业院校、怎样办好高等职业院校，培养什么样的人、怎样培养人等方向性问题，这也是中国特色社会主义高等职业院校必须思考和回答的根本问题。办好中国的高等职业院校，必须有中国特色，这个特色中最大的一点，就是我们要坚持社会主义办学方向，以立德树人为根本任务。立德，就是要立社会主义核心价值观这个大德；树人，就是要培养德、智、体、美全面发展的社会主义事业的建设者和接班人。

3. 办学定位主要内容

（1）办学职能定位

办学职能定位是指学校在社会发展中所扮演的角色和承担的责任，包括培养人才的类型、科技贡献的方式、社会服务的领域等。众所周知，无论是哪一类型或哪一层次的高等职业院校，都有着人才培养、科学研究、服务社会、文化传承创新等四大职能。其中人才培养是基本职能，其他三大职能则是高等教育的自身发展规律与经济社会发展需要产生的必然结果，是高等教育基本职能的延伸。

(2)办学目标定位

高等职业院校办学目标定位是指在科学分析学校外部环境和自身实力的基础上,根据一个或一组定位特征合理确定学校在某一高等教育系统中的位置。也就是说,高等职业院校的办学目标定位必须具有前瞻性,必须结合本校的实际,凸显特色,这样才能在竞争中脱颖而出,争创一流。同时,在制定办学目标定位时,还应密切关注国家的教育政策,密切联系地方经济社会发展的需求,瞄准时机,把握机遇,促进学校办学目标定位与国家、地方经济社会的发展共生共荣。

(3)培养目标定位

人才培养目标定位是一所高等职业院校办学定位中最关键、最核心的内容,它决定着人才培养的方向、质量与规格。只有明确人才培养目标定位,才能实现人才培养方案的精、准、狠,才能持续提升人才培养的规格与经济社会发展的符合度。这就要求不同类型、不同层次的学校要进行符合自身发展实际的人才培养目标定位。

(4)服务面向定位

社会服务面向的定位是指高等职业院校要找准为社会服务的空间,反映了高等职业院校在履行人才培养、科学研究、服务社会等职能时所涵盖的地理区域或行业范围。因此,高等职业院校的服务面向定位是由区域经济社会的实际情况及学校的人才培养的方向、规格质量所决定的,由此可以明确一所高等职业院校的主要服务面向。一所高等职业院校的服务面向从不同的角度看可以有不同的服务面向。

(5)办学规模定位

办学规模就是办学的规格和格局或人、财、物的总投入和总设备。因此,办学规模可以从外延数量和内涵质量两个方面来理解。从外延数量上看,办学规模是指一所高等职业院校的教学、实验等设备和基础资源所能容纳的最大学生数量;从内涵质量上看,办学规模是指一所高等职业院校的办学效益,即一所高等职业院校的所有人、财、物的总投入和总设备所产生的效益。

(6)办学特色定位

高等职业院校办学特色是指在一定的办学思想指导下,经过长期的办学实践逐步形成的比较持久稳定的发展方式和被社会公认的、独特的、优良的办学特征,是一所高等职业院校区别于其他高等职业院校的特征,是一所高等职业院校最具个性的特点和亮点。高等职业院校办学走特色发展之路,是高等职业院校的生存战略,更是高等职业院校的发展战略。其主要内涵就是要坚持特色建校、特色兴校、特色强校,将特色办学作为高等职业院校发展规划的重点、核心。高等职业院校办学特色的形成不是一蹴而就的,需要长时间的积累与沉淀。

4.确立办学定位的现实意义

(1)适应高等教育大众化纵深发展的客观需要

随着我国高等教育进入大众化阶段,高等职业院校的规模和速度快速扩张,片面化地追求高等职业教育的眼前利益,导致高等教育人才培养质量下降、高等教育结构失衡。高等学校在高等教育大众化的纵深发展的浪潮中，只有在结合自身办学传统的基础上，准确把握国家、社会、市场的发展方向，找准自己的办学目标，谋划自己的发展空间，规划自己的发展战略，才能在高等教育大众化的发展过程中不因残酷的竞争而被淘汰出局，才能在高等教育系统内占有一席之地，才能实现高等教育规模质量、结构、效益的统一。

（2）促使地方高等职业院校特色发展的重要前提

科学定位与特色发展是相辅相成的。科学定位是高等职业院校特色发展的前提与基础，特色发展是科学定位的外显与表现。而特色发展才是地方院校立足于竞争、实现可持续性发展的关键点，也是学校不断推陈出新的生长点。因此，地方高等职业院校在日益残酷的竞争形势下，必须立足自身，把握时局，适应区域经济社会发展对不同层次、不同专业、不同类型人才的需求，正确找准自身定位，走“人无我有、人有我强、人强我优、人优我新”的特色发展之路。

（3）深化高等教育管理体制的必然要求

随着我国高等教育大众化向纵深发展，我国高等教育由注重规模扩张的外延式发展逐步向注重质量提高的内涵式发展转变。高等教育的转型发展，必然要求高等教育管理体制的变革，即要强化对不同类型、不同层次、不同属性高等职业院校的分类管理。但分类管理与科学定位是密不可分的，科学定位是前提，分类管理是关键。

（二）确立办学定位的原则

高等职业院校办学定位的确立是一所高等职业院校的顶层设计。学校要在政府统筹高等教育的精神指导下，将遵循教育教学规律、人的全面发展规律、区域经济社会发展需求与学校办学实际情况等相结合，实事求是地科学定位。

1. 客观性原则

高等职业院校办学定位的确立首先要遵循客观性原则。客观性原则要求在确立高等职业院校办学定位的过程中，要根据学校的实际情况，对高等职业院校未来改革发展作出正确判断。要充分考虑本校的实际办学情况，包括办学历史条件、学科门类、师资队伍结构、办学规模、人才培养质量、教育教学管理水平等，在充分进行民主调研、科学论证的基础上，预测学校未来的发展趋势，确立学校未来改革的重点，发挥学校自身学科专业优势，使学校的中长期发展规划切实符合学校实际。只有这样，才能为高等职业院校的科学定位和后续的强劲发展奠定基础。

2. 适应性原则

高等教育的人才培养方向、规格、质量并不是一成不变的，它是随着社会政治、经济、文化的变化而变化的。就像高等职业院校的职能一样，也是随着社会的发展而逐步确立的，而且在不同的历史时期，高等职业院校职能的侧重点也不同。

3. 继承与创新相结合原则

高等职业院校的办学定位还要坚持继承与创新相结合的原则，继承是指要继承高等职业院校的办学历史传统，充分发挥自身的竞争优势，使得自己的优势更加凸显；创新是指高等职业院校要瞄准社会、市场需要，使学校的学科专业课程的设置超前于经济社会转型发展，使高等职业院校成为引领社会发展的风向标和瞭望塔。但同时这种创新又不是盲目的，要充分考虑自身学科的实际情况，包括师资队伍结构、教学设备、相关学科专业发展情况等，只有在成熟的条件下，才能有所创新、有所突破。否则，盲目地求大、求高、求全，必然会导致教育资源的浪费。

4. 发展性原则

在科学定位的过程中，还要坚持发展性原则。因为在不同的时期、不同的教育政策的指导下，高等职业院校的办学定位是发展的、变化的、动态的，而不是一成不变的、静止的，只有坚持把发展性原则作为高等职业院校科学定位的依据，才能保证高等职业院校的长远发展。

（三）科学规划高等职业院校发展战略

高等职业院校的科学发展是建设人力资源强国的重要支撑，对于整个国家教育事业的可持续发展具有决定性意义。高等职业院校发展规划与战略是高等职业院校围绕高等教育核心价值，在考虑现实状况与长远利益的基础上所选择的发展路径。长期以来我国高等职业院校并没有制定明确的发展战略，即便有些高等职业院校在发展规划中提出了一些发展战略，也少有付诸实施的。因此，探讨高等职业院校发展与战略问题迎合了当下教育部实施新一轮教学审核评估的要求，是各类高等学校谋划未来发展，制定科学合理发展战略亟待解决的重要课题。

1. 办学定位在发展规划中的体现

学校办学定位和学校发展规划与战略（以下简称发展规划）之间有着密切的关系。一方面，办学定位指导发展规划。办学定位是一所高等职业院校未来改革与发展首要解决的问题，即高等职业院校发展首先要有自身准确的定位。由于历史、环境、条件等方面的差异，各高等职业院校的发展定位应当各不相同。只有在科学合理的办学定位指导下，高等职业院校才能制定出与之相适应的发展规划与战略。另一方面，发展规划体现办学定位，即高等职业院校发展要有先行的科学规划。纵观现代高等教育史，世界一流大学大多有自己科学的设计与规划，这是著名大学的迅速发展必不可少的。

2. 发展规划确立的依据

高等职业院校发展规划的科学制定与贯彻实施要依据一定的标准。具体来说就是要在把握学校发展现状的同时，注重分析学校的品牌、特色与优势。只有将学校的发展现状与特色相结合，才能制定科学合理的发展规划，做出合理的学校发展战略选择。

（1）要符合高等教育规律

在社会转型时期，价值观日益多元化，各种观念和思潮扑面而来。在这种复杂情况下，高等职业院校究竟应当坚持什么价值观，采取怎样的发展战略，能否顺应高等教育发展规律，就显得格外重要。高等教育规律涉及学术在高等职业院校的地位、教师和学生对学校的影响、学科专业的设置与调整原则、教学和研究等功能性活动的价值等问题。长期以来。我国高等职业院校在这些问题上的一些基本观念和原则大多不具有合规律性的特点，因此我国高等职业院校发展战略需要着力改变这一现状，将高等职业院校发展牵引到合规律轨道上来，促进我国高等教育健康、可持续发展。

（2）要适应社会发展需要

高等职业院校应当服务于时代社会发展的需要。高等教育担负着促进社会发展，引领社会进步的特殊历史使命。但很多高等职业院校办学往往不重视研究社会需要，要么过于封闭，自满于现行的传统教育体系；要么迎合社会热点，盲目追逐热潮。高等职业院校发展战略应当使高等职业院校保持开放态势，在高等职业院校与社会之间架设起相互沟通的桥梁，使高等职业院校能够从社会的现实和长远发展需要出发，冷静客观地将自身核心价值与社会需要紧密结合起来，在促进经济社会发展转变到更多地依靠知识资本和人力资源，又快又好地建设环境友好型和资源节约型的和谐社会的时代使命中发挥应有的作用。

（3）要结合学校发展实际

高等职业院校发展是一个持续的过程，任何中断和曲折都可能延误其发展进程，造成高等教育资源的浪费，进而影响高等教育发展质量。因此，高等职业院校发展战略的制定首先应当从学校实际出发。比如，有关学术发展战略，必须根据高等职业院校学科专业发展状况、学术管理体制、师资队伍和资源及其配置状况来制定。任何脱离学校实际，不顾学校具体情况和条件限制所制定的发展战略，不论其多么美好，不论它在其他国家多么有效，都是不可能得到实施的，即便得到强力推行，也不可能取得理想的效果。但这并不是说，高等职业院校发展战略就不能有前瞻性，恰恰相反，战略的前瞻性应建立在深刻把握学校发展实际的基础之上。其次，要把握学校发展的历史和现状。透彻分析学校自身的优势和劣势，特别是要看到目前状况与目标之间的差距。只有在学校的历史发展长河中，总结出学校目前改革发展所遇到的各种瓶颈问题，在把现实政治、经济、社会变革、科技革新等外部相关因素，尤其是把区域经济社会发展的需求作为参照物的条件下，科学分析自身发展现状，找出自身发展的问题所在，根据问题与现实需求，科学制定高等职业院校改革的中长期发展规划与战略。

3. 发展规划编制的统筹与保障

虽然编制学校发展规划不是一件容易的事，但更艰巨的是如何落实规划。我们认为，必须建立一整套规划实施的保障机制。

（1）解放思想，凝聚智慧

规划的实施必须以解放思想为先导，破除一切束缚学校建设和发展的思想观念和条条框框，切实增强忧患意识、责任意识和机遇意识，进一步开阔眼界、开阔思路、开阔胸襟，以思想解放助推改革突破，以观念更新带动机制创新。战略规划的制定要充分体现其对高等职业院校办学实践的总括性指导作用，不能忽视操作性，并能进行总体性检验与评价。这就要求在高等职业院校发展战略规划的制定过程中要有广泛的群众参与，不能是学校领导与秘书班子的“闭门造车”。群众参与就是教师参与，要充分鼓励广大教师参与规划的积极性。通过规划的宣讲、讨论等，吸收广大教师的意见和建议，真正使学校的战略规划具有广泛的群众基础，一方面提高战略规划的科学性，另一方面为战略规划的有效实施创造条件，体现以教师为办学主体的办学思想。

(2)改革创新,突破重点

全面推进学校教育事业改革和发展是学校未来发展的基本任务,改革和发展的核心体现于创新体制机制与突破重点、难点。因此,学校必须重视加强人才队伍建设和科研实力的提升。要积极推进人事和分配制度改革,建立符合高等职业院校特点的各类岗位人员准入与退出新机制,探索建立专职科研队伍聘任机制,采取灵活多样的分配形式和分配办法,激励优秀拔尖人才和优秀创新团队脱颖而出。要大胆探索学科特区建设模式,突破学校传统管理体制,建立学科发展新机制,促进学科交叉融合和协同创新。

(3)统筹资源,注重效益

学校规划确立的重点建设工程需要人力、物力和财力的保障,而充足的财力资源是实现工程建设目标不可或缺的要素。学校应积极争取中央和地方政府拨款和各类专项资金支持,加大办学收入组织力度;加强政、产、学、研合作,增加科研经费总量;加强对经营服务性资产的管理,提高经营服务性资产的贡献度;发挥校友会、基金会作用,争取社会资源。坚持"效益优先、突出重点、统筹兼顾、科学民主"的原则,完善经费分配机制,优化经费支出结构,发挥财务预算在资源配置中的引导作用,提高资金使用效益。

二、教学环境

在高等职业院校教学资源体系中,人们会毫不犹豫地说出人、财、物是三大教学资源,当然这里表述的外延并不全面。就物而言,其范围相当宽广,而对于教学资源来说,物体形状的教学资源可以理解为一切可供教学使用的设施、设备、场馆等,我们可以称之为教学设施。教学设施列为教学资源的第二个审核要素,其审核要点有三,即教学设施满足教学需要情况、教学和科研设施开放程度及利用情况、教学信息化条件及资源建设情况。

(一)教学设施建设概述

1.教学设施建设的内涵

教学设施建设主要包括高等职业院校实验教学条件、高等职业院校实习实训场所(基地)、高等职业院校体育场所、高等职业院校学生活动场馆与美育场馆设施的建设与利用。教学设施建设是进行课程改革的物质基础,也是顺利完成课程目标的必要保证。同时,教学设施建设也是检查、督导、评估、规范学校教学工作的重要内容之一。

2.教学设施建设主要内容

(1)实验教学条件建设

实验室是高等职业院校办学的基础,是培养学生创新能力、独立工作能力和实践能力的主要基地,同时也是高等职业院校承担国家科学技术研究和支持地方经济建设的重要基地。高等职业院校实验教学设施是保证教学质量的重要前提,构建科学、完善、系统的实验教学条件保障体系,是提高人才培养质量的根本措施之一。

首先,坚持以学科建设为导向,重点保障优势特色专业实验教学条件。学科建设是专业建设的基础,是保障教学质量的关键。教学条件是为专业服务的,因此条件建设与学科建设及精品课程建设是相互依存的关系。学校应充分重视学科建设，把它作为教育改革和提高人才培养质量的重要内容来抓，鼓励和支持二级学院申报省部级重点学科和精品课程，以此推进实验教学条件向更高层次发展。学科建设重点是突出优势与特色。

其次，依托科研平台建设，提高实验教学条件建设层次与师资水平。教学与科研是现代高等职业院校的两项重要职能，两者的结合是培养高级专门人才的需要，它们相互依存又相互促进，科研是提高办学水平和教学质量的关键，教学没有科研作底蕴，就是一种没有观点的教育、没有灵魂的教育。因此，应根据学校的学科优势，结合地方经济发展的需求，建设一批重点实验室，形成较为完整并覆盖学校主要学科的科研平台。

最后，走合作共建实验室之路，拓宽实验教学条件建设渠道。人才培养必须符合社会需求，企业对人才的要求是具体的，通过与企业合作共建实验室，可以进一步拓宽实验教学条件建设的渠道。学校应根据自身的学科优势和专业、特点，结合当地产业结构状况，通过与当地企业共建实验室、研究中心、培训基地等形式，不断优化人才培养条件和人才培养模式。这种校企合作、联合共建的模式，不仅为企业产业升级服务，为当地经济建设服务，同时也为学生课程设计、课程实习提供场所，改善学校的实验教学条件；教学管理部门还可以通过校企合作，优化教学内容，使之更加符合人才培养需要，提高学生在人才市场上的综合竞争力。通过校企合作共建实验室，推进实验教学内容与社会经济需求并轨，提高学生实践能力、创新创业能力。同时，也能练就一支具有坚实专业知识又有工程实践经验，能胜任培养学生工程能力的高素质师资队伍。

(2)实习实训场所(基地)建设

实习场所是指在校内外可供学生课程见习、生产实践、毕业实习等单位和处所。实习基地是指具有稳定性的实习场所(有协议)或虽然没有协议但已经连续三年在同一个地方实习的单位。其具体要求是有明确的实践教学的目的和任务，有稳定的教师和辅助人员队伍，有实习的项目，场地、设施能够满足人才培养的需要。校内实践基地建设应以培养学生技术应用能力和职业素质为主旨，以行业科技和社会发展的先进水平为标准，以学校发展规划目标所设专业的实际需要为依据，充分体现规范性、先进性和实效性，与生产、建设、管理、服务第一线相一致，形成真实或仿真的职业环境。

(3)体育运动场所建设

为满足学生锻炼的需要和丰富社区体育文化生活，必须进一步完善和发展高等职业院校体育场馆设施建设。

首先，应正确把握高等职业院校体育功能的多元化特征，并以特定的地域、(院)校具体情况为依据，坚持把学校体育教学所需的物质环境与竞技运动环境融合，与现代健身、休闲、娱乐环境以及校园文化景观有机结合。应符合各学校所在地城市的市情、各院校特点和本土文化，作适当超前的规划。必须正确处理好三个关系，即处理好体育课程教学、竞技运动训练和比赛，以及健身、休闲、娱乐三者设施协调共同发展的关系；处理好运动场馆建设与校园文化有机结合的关系；处理好体育场馆建设的环境与绿色环保、运动安全的关系。

其次，设计理念突出“以人为本”。运动场馆的建设，强调“竞技运动功能与满足高等职业院校多层次人才的需要”相结合，突出“以人为本”的理念。比如，游泳池的设计，可借鉴水上游乐中心的一些设计理念，游泳池的外形设计与深度应多样化、柔性化，既能满足竞技比赛与训练的需要、教学的需要，同时又适合不同层次的人们健身、娱乐使用。

（二）高等职业院校教学、科研设施开放与利用

1. 教学、科研设施开放的现实意义

（1）提高教学资源利用率的必然要求

高等职业院校教学、科研设施是提高教学、科研水平，创造更多教学、科研成果的重要保障。因此，要提高教学科研设备的利用率，定期考核设备使用情况。对利用率高的要加强养护；对利用率低的，要研究具体情况加以解决。对于大型、精密、贵重的仪器设备，可加大实验室的开放力度，在保证重点实验需要的前提下，向全校的科研项目开放。

（2）校际联合促进协同创新的内在要求

协同创新的发展要求高等职业院校之间建立全方位的教学资源共享体系，教学、科研设施建设必须走协同创新的发展模式。各高等职业院校可在整合和优化，实现校内实验资源共享的基础上，面向其他高等职业院校全面开放实验室，采取有偿开放服务的办法，确保实验室的满负荷运转，提高使用效率。有条件的高等职业院校可全天候开放实验室。各高等职业院校图书资料也可实行开放式管理，允许外校学生通过办理相关手续，自由借阅。积极鼓励面向社会开展有偿服务，通过制定合理的收费标准及管理制度，让教学科研设备的使用向校内外全面开放，实现资源的社会共享。

2. 提高教学、科研设施利用效益的举措

（1）改变教学、科研设施的配置方式

在高等职业院校教学、科研设施配置的问题上，必须从计划经济体制的思维方式转向市场经济体制的思维方式。一方面，要改变高等职业院校教学资源配置不足的状况需要大量的资金投入，等待、依靠政府财政拨款显然是不够的，必须从多渠道筹措资金。另一方面，要使有限的资金充分发挥作用，最大限度地满足教学的需要，就要改变教学资源的传统配置方式。决策者应当充分了解广大师生教和学的实际需要，在制定教学资源规划时让教职工和学生参与进来，为学校教学资源的建设建言献策，这样才能避免教学设备、设施闲置，使教学、科研设施真正被利用起来。

（2）加强对教学、科研设施的管理

当前，必须转变观念，树立和落实科学发展观，办现代化的节俭型教育。无论是对新增教学资源，还是对原有教学资源，都必须加强管理，要通过制定、实施较为完善的规章制度来减少教学资源的浪费和损坏。在购置教学设备、兴建设施前，要加强调研和可行性论证，确保投资的必要性和合理性。对现有教学资源，应当加强常规管理，配备好管理人员，做好相关的业务培训工作，并建立起明确的目标管理责任制度，使各管理部门和人员责任清楚、各

司其职。与此同时,以适当的激励、约束和评估机制作保障,加强对教学资源使用、维护等状况的考核,督促资源使用者和管理者提高效率。

(3)重视对现有教学、科研设施的开发利用

在争取扩大外部资源的同时,高等职业院校应当注重对内部资源的优化和利用。应当重视对现有教学、科研设施的开发利用,深入挖掘内部潜力,最大程度地发挥设备、设施的资源潜力。必须坚持以人为本的原则,强化为师生服务的理念,使现有教学资源充分应用于教师教学和学生学习。一方面,管理部门应当放宽对教学、科研设施使用的限制,例如,图书馆可以延长开放时间,实行开架阅览;多媒体等教学辅助设备的使用要简化手续,可由管理员在教师上课前做好相应的设备准备;允许学生在课余时间使用语音室、体育设施等。另一方面,要想方设法为师生使用现有教学资源创造条件,具体方法包括加强对现有资源(如图书馆的文献资料、网络信息资源等)的宣传和说明,使师生了解教学资源的配置现状与使用程序,为师生使用教学资源提供咨询、培训等服务,使他们更好地掌握使用有关资源的技能(如检索电子文献的技能、制作和使用多媒体教学课件的技能等)。

(三)教学信息化建设

1.教学信息化内涵

(1)教学信息化概念

教学信息化建设是高等教育信息化发展的重点,其建设水平已成为衡量高等职业院校整体办学水平、形象和地位的重要标志。当前,国家和各级地方政府纷纷出台文件,加速推进教育信息化建设。高等职业院校教学信息化是指充分利用信息技术及现代教育教学的思想、方法和手段进行教学,使教学的所有环节信息化,从而提高教学质量和效率,最终实现教学现代化的过程。教学信息化是指在现代教育教学思想指导下,以高等职业院校教学环境建设、教学资源建设、教学手段和学习环境建设、教学组织和管理信息化建设等为基础,充分利用信息网络技术和现代教育手段,使教学硬件环境、教学相关资源、教与学过程、教学组织和管理等教学活动实现信息化管理的过程。

(2)教学信息化主要内容

①教学硬件设施信息化

教学硬件设施信息化建设主要包括高速校园网、无线网络、多媒体教室、电子网络教室、智能教室、数字实验室、电子阅览室、数字化教学控制中心的建设等,这些都是教学信息化建设的前提和基础,也是教学信息化建设和应用的重要保证,若没有高速的校园网络环境、一定数量的多媒体教室和智能教室等硬件基础设施,教学信息化将成为“无米之炊”。同时,在教学设施建设过程中,应充分重视相关应用软件的建设和选用,要“软硬兼施”,建设基于互联网的一体化教学环境,教学硬件设施才能更好发挥作用,才能达到事半功倍的效果。

②教学信息资源数字化

教学信息资源数字化主要包括学科专业网站、教学资源库、课程网站、多媒体课件和电子教材、电子文献(包括图书、期刊、报纸、网络资源链接等)、网络课件以及多媒体素材(包括

文字、图片、图形、动画、音频、视频）等建设内容。教学信息资源的数字化是教学信息化建设的基石，也是教学信息化建设的软实力。在加强教学设施硬件建设的同时，必须加快各类教学资源数字化和信息化建设，特别强调以课程为核心的数字化教学资源建设。教学信息资源的数字化建设应在规范统一的原则下，根据不同学科专业和教学对象，力求形式多样、丰富多彩，注重建用结合，强化辅助教学和导学、助学功能，提高教学资源的建设和使用效果。在“大数据”时代，高等职业院校教学资源信息化应当走向更高的“云端”。大数据是教育信息化平台未来建设的根基。没有数据的留存和深度挖掘，教育信息化可能只会流于形式。大数据利于云计算从海量数据中寻找出有意义的规律，并为教育信息化平台的管理与发展提供帮助，使学校变成真正的数字校园。

③教学过程信息化

教学信息化不仅要重视教学信息资源的数字化建设，特别是各门课程的相关资源信息化建设，更要注重在教学过程中的实际应用。教师是实施教学信息化的主体。因此，要转变教师的教育教学理念，改变重建设、轻应用现象，培养和提高教师网络信息技术和现代教育技术应用水平，采用边建设边应用策略，并以信息技术带动教学模式和教学方法手段改革，不仅在课堂上采用多种媒体进行教学，提高课堂教学效果，而且，要充分利用互联网和数字化教学资源开展辅助性教学，提高学生信息素养，提升课程教学质量。

④教学管理信息化

教学管理信息化主要有教学改革、教学组织机构、教务教学运行、教学工作评价和教学状况分析等建设内容。要充分利用先进的计算机和网络信息技术，完善教务教学管理信息化系统和教学组织机构网络化建设，促进教学信息化的实际应用，优化教学管理流程，提高管理工作效率，努力实现教学教务管理的科学化、精细化、可视化和人性化。

2.教学信息化建设与发展对策建议

(1)推进信息技术与课程整合，实现教学信息化

教学信息化的主要内容是教师教学技能的信息化。信息化教学技能不仅是指教师要掌握各种信息化教学设备、工具的操作方法，也包括熟悉现代教学理念和教学设计策略，也就是要掌握信息技术与课程整合的途径和方法。

所谓信息技术与课程整合就是将信息技术有效地融合于各学科的教学过程中来营造一种新的教学环境，实现一种既能发挥教师主导作用又能充分体现学生主体地位的以“自主、探究、合作”为特征的教与学方式，使之与传统的以教师为中心的课堂教学模式有根本上的区别。实现信息技术与课程整合首先是要熟悉现代教育教学理论，特别是建构主义理论。区别于传统的以学科知识结构为中心的认知主义教学理论，建构主义教学理论是以学习者为中心，以情境、协作、意义建构为核心要素，认为学习是学习者主动建构知识的过程，学习情境对学习者的有意义的知识建构非常重要，学习是在交流和协作中发生的。显然，建构主义理论是符合创新人才培养要求和有利于发挥信息技术手段的教学理论的。其次，要结合课程特点运用不同的信息化教学模式教学。课程信息化教学模式分为“课内整合教学模式”

与“课外教学整合模式”，无论是课内还是课外，信息化教学模式都强调教学内容要注重问题和情境设计，即围绕自然界或社会生活中的真实问题展开，培养学生的探索意识，综合运用多个学科的知识进行研究性学习。显然，这样的教学模式需要更多的教学时间，只有借助于信息技术手段，利用其不受时空限制的优势，才能顺利完成。信息化教学模式能够促进教师和学生进行即时和深度的互动教学，从而取得良好的教学效果。最后，要熟练掌握并合理使用一些现代教育技术手段，也就是工具软件和设备的操作使用。随着计算机技术的发展，各种软件工具和设备的使用操作越来越人性化和简单化，因此应用信息技术手段是较容易解决问题的。

(2)构建信息化教学环境，实现教学媒介信息化

信息化教学环境可以划分为硬件设施、软件平台、教学资源三个子系统，即通俗上讲的“路”“车”“货”。良好的信息化教学环境是教师实现信息技术与课程整合的前提条件。信息化教学环境建设要遵循以下三个原则。

第一，效益优先原则。即依据教学改革的实际需要，注重信息技术的应用效果和投入性价比，考量信息技术的发展趋势，不能一味求新求全。当今，信息技术手段更新发展速度快且具有一定的生命周期，因此，要购买使用成熟的技术产品，避免盲目追求先进性而造成资源浪费。

第二，整体性和连续性原则。信息技术在教学中应用发展至今，已经到了要营造形成一个信息化生态环境的阶段，也就是“路”“车”“货”要协调整体建设和发展，避免产生有路无车、有车无货的现象，从而影响信息技术手段的使用效益。在软件平台上，特别要注重课程管理信息系统(网络教学平台)的建设和推广使用，以课程为核心形成信息化教学的中心平台。

第三，共建共享原则。由于信息资源具有易于复制和便于共享的优点，因此要注重建立有效的教学资源共建共享机制，最大程度发挥资源使用效益。可行的做法就是行政部门通过教学资源项目建设机制，如精品课程、视频公开课建设等，形成国家级或者地区级的共享资源库。另外，还可以通过建立高等职业院校课程建设联盟的方式，在成员高等职业院校间形成一个共建共享的资源库。

三、专业建设

(一)专业建设原理

1. 学科与专业的关系

首先，从学科与专业的区别来看，两者决定了高等职业院校在学科建设与专业建设方面应有各自的工作任务。学科建设的主要内容包括学术队伍建设(即学术带头人和学术骨干的数量、水平、学术梯队的结构等)、科学研究、人才培养质量，以及图书资料、实验设备等物质条件的改善和管理工作的提高等。学科建设既要注重知识体系的完整性、前沿性和发展趋势，更要注重学校内部不同学科之间在内容、方法上的相互支撑、渗透，形成学校内部整体

学科建设的优势，充分发挥学科群的系统功能。要注意保持学科建设的相对稳定具有连续性。因为高等职业院校的学科建设是一个学科优势积累的过程，学科方向、师资队伍、基地建设、学科组织建制等必须保持相对的稳定具有连续性。要注意学科建设的层次性，区分重点建设的学科和一般建设的学科。确定学校的重点学科，不能只根据学校学科建设的现状进行，既要将目前有一定基础的学科确定为重点，更要根据学校的办学思想，明确学校发展目标，并根据发展目标来扶持、加强重点学科的建设。另外，高等职业院校除有培养人才这个任务外，还有科学研究的任务，因此高等职业院校的学科建设也可以脱离学校的专业特色，从而形成科学研究方面的特色。

专业建设涉及多方面的内容，主要包括制定专业培养目标和规格、确定专业设置的口径、制定专业人才培养计划等，具体表现在专业的教学内容、课程体系、教学方法上。专业的教学内容，既要注重内容的科学性、系统性，又要注重内容的适应性、发展性。要密切关注市场经济发展过程中的热点问题，使教学内容与经济建设的需要有机地结合起来，既有该专业的基础理论，又有解决问题的具体方法。课程体系是专业建设中的一个重要内容，必须从多方面着手构建适应学生个性发展需要的课程体系，即提炼基础课程，突出知识点，使之结构化、简约化，以适应压缩课时、拓展知识面的需要；提高专业课起点，内容精炼但能反映科技与学科发展的前沿；开设通识课程，促进文理渗透与学科交融，拓宽学生的知识视野；加大选修课，鼓励学生“自我设计”，尽可能为学生形成自己满意的知识能力结构，提供自由选择的机会；增开科研活动课，引导学生积极参与科研活动、社会调研活动，培养学生的创新意识、创新能力和社会责任感；加强实践课，培养学生的知识应用能力与实践操作能力。在教学方法上，要把培养学生接受新知识的能力、分析问题、解决问题的能力和创新能力作为改进教学方法的出发点和归宿。专业的设置和专业的招生规模，必须根据社会需求的变化而变化，因此专业建设应是动态的、柔性的。

其次，从学科与专业的联系来看，两者决定了高等职业院校要将学科建设与专业建设紧密联系起来。学科建设是专业建设的基础。学科建设为专业建设提供的基础包括高水平的师资队伍、教学与研究的基地、学科发展最新成果的课程教学内容等。从人类的认识活动来看，只有进行科学研究，把社会实践经验总结成理论体系，才有可能进行各专业的教学。从这个意义上说，学科是“源”，专业是“流”。从人才培养质量来看，毕业生的发展潜力，在较大程度上取决于学科建设的效果；而毕业生在工作岗位上的知识转化程度（即知识转化率）在很大程度上由专业建设的效果决定；如何防止毕业生的知识陈旧，既与专业建设中的教学内容、课程体系和教学方法的改革有关，又与学科发展中的学术成果转化为专业建设的有效资源密切关联。专业建设是学科建设的基地。即专业为学科承担人才培养职能提供基地。在现代社会里，高等职业院校的主要职能是人才培养、科学研究和社会服务，学科的建设就是对各种职能的具体承担。高等职业院校中的学科最初就是为人才培养而设立的，而人才培养是专业建设的出发点和归宿，因此学科发展中的高水平的师资队伍、教学与研究基地，包括学科发展最新成果的课程教学内容等建设也就与专业建设有着密切的联系。

2. 专业建设的原则

(1)校本化原则

首先,专业特色必须与学校的办学特色相一致。学校的办学特色应渗透到专业人才培养的各个方面,并引导专业特色的形成。其次,专业特色的发展必须依托专业的发展历史与基础。专业特色的定位要以长期形成的办学理念及其在人才培养方面的积累为基础,在对专业的发展历史进行分析和梳理的基础上凝炼特色。同样,专业特色的定位也不能脱离学校实际,要对其他高等职业院校特别是相同层次高等职业院校相同专业的建设情况进行差异性分析,识别学校和专业建设所具有的独特优势或长处,了解自己的资源和能力状况。掌握本专业在区域或全国高等职业院校中的地位、作用和特点。

(2)行业化原则

专业特色的定位还应该与相关行业结合起来,办出特色。随着经济社会的发展,社会对人才的需求呈现出多样化、多层次化的趋势,高等职业院校唯有把握住这种需求特点和变化趋势,有针对性地培养人才,才能实现学校和社会的双赢。我国高等职业院校专业目录是由高等教育主管部门设置的,专业名称多年保持不变,专业的培养目标也较为宽泛,难以反映出社会对人才在专业方向的知识、素质、能力等方面的需求变化。这就要求学校在专业建设过程中,应根据其需求变化调整自己的专业方向、特色和定位。

3. 专业规划与建设

(1)专业规划依据

①满足专业办学条件

专业办学条件是保障专业教育质量的基础,没有良好的物质条件作支撑,就无法提高特色专业的办学水平。图书资料、网络信息平台是学生拓宽视野、获取信息、进行自主学习的平台;实验室、实习基地是对学生进行综合训练、培养学生实践能力的平台,在提高学生实践能力、创新能力和综合素养方面具有重要作用。学校要进一步加大对学科专业建设的经费投入,特别是要加大对重点学科、专业建设经费的投入,为深化教学改革、改善教学条件提供物质保证。其中重点投资的对象是国家与地方经济社会发展迫切需要的学科;已有深厚的基础、较强的实力,并具有明显的特色与优势的学科;能代表和反映学科主流方向,符合现代科技、经济、社会发展趋势的学科;国家及省级重点实验室等。

②构建专业培养目标体系

学校要根据总体发展战略规划、学科专业发展目标和办学特色定位制定科学的特色专业建设总体规划。同时,要建立院级、校级、省级和国家级特色专业培育、建设和管理机制,定期组织特色专业建设点的遴选和验收工作。各学院一方面要根据学校特色专业建设总体规划制定本学院的特色专业建设规划,另一方面要科学制定具体专业的培育和建设方案,统筹处理好教学团队、教学名师、精品课程和规划教材等不同类别建设项目之间以及它们与专业特色培育和建设的关系。

(2)专业建设依据

①以社会需求为导向

专业建设的首要依据就是以社会需求为导向,即以人才市场需求为导向。专业是与职业相联系的,培养的人才要适合社会的需要,专业设置主要取决于学者和管理者对专业的社会需求的价值判断。高等教育的竞争,在很大程度上表现为人才培养质量的竞争。特别是应用型高等职业院校能否生存与发展,取决于其人才培养质量的高低,取决于毕业生能否满足社会需求,能否顺利就业。“就业是硬道理”。如果高等职业院校的学生就业率低,学校就办不下去。因此,高等职业院校的专业结构、专业设置要以人才市场需求为导向。高等职业院校学科专业建设,在完善专业结构和设置专业时要充分分析社会人才市场需求,特别是地方、区域经济文化建设发展的实际需要,要考虑学校的学科专业优势,要考虑生源状况及学生家长的意愿。

②以学科发展为基础

如果专业所依托的学科具有较好的基础,形成了一定的优势,则优势学科的科研成果可以转化为教学内容,有效促进专业教学内容的更新,成为课程建设、教材建设、教学方法改进的基础。优势学科培养的高水平学科团队可以促进教学名师和教学团队的成长,有利于优化专业师资队伍结构,提高专业师资队伍水平。学科的重点实验室与研究基地等,可以改善实验实践教学条件,为学生提供课程设计、生产实习、毕业论文设计等实习实践平台。

③以能力培养为重点

专业建设以能力培养为重点就必须培养应用型人才。我国社会职业技术岗位的分工不同,行业和地区之间存在的不平衡性,决定了人才需求的多层次、多类型、多规格,人才的层次大体可以分为学术型人才和应用型人才。地方高等职业院校根据自身的办学基础和办学条件,应该培养应用型人才。在学科专业建设中,提高专业水平,首先要确定人才培养的目标。应用型人才培养的目标主要体现为具有良好的人格、扎实的理论基础、较强的实践能力、组织管理能力和人际协调能力。应用型人才培养模式应以知识为基础,以能力为重点,以服务为宗旨,注重知识、能力、素质协调发展,学习、实践和职业技术能力相结合。培养应用型人才,要着力培养学生的实践能力、组织管理能力和人际协调能力。高等职业院校在学科专业建设时,在课程体系中要增加实习、实训课程的比例,加速校内实验、实训基地的建设,扩大与社会各方面的联系。

(3)专业建设的主要内容

①制定与优化人才培养方案

制定与优化人才培养方案是专业设置的首要环节,也是重点和难点。其主要途径就是创新人才培养模式。要建立适度开放的人才培养方案修订机制,依据社会经济需求及时调整人才培养方案、优化课程设置。要能够根据市场需要灵活设置专业方向或开设相关模块课程,根据特色人才培养需要及时开发、设置特色课程。培养目标是解决培养什么样的人的问题，明确人才培养目标是确保人才培养质量的基本前提，它规定了专业所要培养的人才应达到的基本素质和业务规格。对于特色专业来说，人才培养目标必须根据学校办学定位、人才服务面向、专业办学理念和特色进行明确定位，要在知识、能力、素质等方面增加特色内容，在实践能力、创新能力和社会适应能力培养方面体现专业特色。

②积极推进课程建设与改革

课程建设是学科专业建设的核心。学生学完专业的全部课程，就可以形成一定的知识与能力结构，获得该专业的毕业证书。在学科专业建设中、课程建设是核心，必须积极推进课程建设与改革。课程建设是学科专业建设的重要内容和手段，要根据学校学科专业总体布局，基于学科专业建设基本规格要求，充分发挥学校学科专业优势，本着培养"宽口径、厚基础"的富有创新精神的高级专门人才的人才培养目标，按照学分制教学管理模式改革要求，合理规划设计各个专业课程教学内容体系。

③寻求专业建设的特色点

高等职业院校应努力在专业建设上寻找创新点，发掘特色专业建设资源，依据本校实际条件和地方历史文化资源打造独一无二的特色专业，做到你无我有，从而在激烈的高等职业院校竞争中寻找立足点。一方面，高等职业院校要创新办学思路，不断提升办学理念、开拓思路、锐意创新。通过品牌专业和特色专业的建设，进一步优化高等职业院校专业结构，提升高等职业院校专业建设的整体水平，提高高等职业院校人才培养的质量、效益和高等职业院校的整体竞争力。另一方面，特色的确定对于专业建设领域出现的"同质化""趋同化"现象能起到有效的遏制作用。

④加强师资队伍建设

师资队伍是专业建设的重要保障。要优化师资队伍结构，建设一支以学术带头人和教学名师为骨干，教学和科研综合水平高、效果好，结构合理的优秀教学队伍。学校要把加强中青年教师队伍的建设放在重要位置，不断完善学科带头人制度，加强骨干教师队伍的建设，有计划、有目的地培养中青年教师，逐步形成一支年龄、学历、职称结构科学合理，具有发展潜力的教师梯队。积极采取措施，鼓励教师不断提高教学科研能力，扩大教学科研成果。学校要完善相关激励机制，鼓励和倡导专任教师到相关产业和领域一线学习交流，获取与专业相关的行业从业资质，吸引社会行业优秀人才参与学校教学活动，形成一支既有理论知识，又有实践经验，了解社会需求，懂得专业教学的专兼职结合的"双师型"教师队伍；重视实验教学师资队伍的建设，在充实实验教学师资队伍数量和提高质量的基础上，使教授、副教授等专业骨干教师活跃在实验教学课堂、亲临实践场所。学校要梳理教师队伍的研究领域和专长，以专业特色建设为目标，确定各自的研究方向，调整与重组研究团队，积极开展特色鲜明的科学研究，以科研促进教学；要培养专业带头人和主干课程教学团队，组建课程开发和建设团队。

⑤改革与创新教学管理制度

要建立专业建设工作责任制，制定鼓励教师积极参与教学的政策措施，建立推动高等职业生参与科研创新实践活动的长效机制，构建科学合理的管理体系和评估机制，确保专业建设取得实际成果，为国内同类型专业和校内其他专业建设起到示范作用。

（二）专业内涵改造

专业内涵改造，又可称之为“专业改造”或者“专业内涵建设”，是高等学校专业建设的一项重要任务，是对学校原有专业建设内涵赋予新的培养目标、培养规格、培养机制所进行的实质性和结构性的调整与优化。

1.利于专业结构的调整与优化

加强专业内涵改造，利于专业结构的调整与优化。进一步优化专业结构和布局，为使专业设置、课程体系建设能够满足行业企业需求和学生就业需要，高等职业院校应按照“分类指导、注重特色”的原则，优化专业结构，提高专业整体建设水平。以重点专业为依托，调整专业结构，拓宽专业口径，改造传统专业，合理设置新专业，培育品牌专业和特色专业。建设与区域经济发展密切相关、行业特色鲜明、模式先进的重点专业，形成全新的专业人才培养方案。通过明确专业培养目标、加强专业教学标准建设、强化专业内涵建设、更新教学内容、优化课程体系等方式，建立以重点专业为龙头、相关专业为支撑的专业群，辐射带动全校专业建设与发展。

2.利于专业的特色发展

加强专业内涵改造，利于专业的特色发展。专业建设与专业改革取得的良好效果，会形成一些比较有利于本专业人才培养规格实现的机制和模式，如产、学、研、用合作机制、灵活多元的学分制、有利于调动学生自主学习和勇于探索创新的教学方法等，这些都能够促进人才培养质量的提高，对学生形成某种优势产生积极作用，因而成为专业特色形成的有力支撑。

3.利于新兴专业的产生

加强专业内涵改造，利于新兴专业的产生。新兴产业是引领未来经济发展的“引擎”和决定性因素，已成为世界各国的共识。我国也高度重视相关新兴产业发展，制定出台了一系列相关新兴产业政策。新兴产业发展的关键在于人才，作为高级人才培养基地的高等职业院校在国家大力发展新兴产业中责无旁贷。作为服务地方经济发展的地方高等职业院校更应担负起为地方经济的产业结构调整与更新培养人才的重任，因此一些高等职业院校的专业设置管理，明确提出优先发展与新兴产业相关的新兴专业的办学理念。

（三）专业内涵改造的建议与措施

1.合理定位人才培养目标，实行差别化竞争

经济社会对人才的需求是分层次的，然而许多高等职业院校并未根据自身性质、层次和任务进行合理的专业设置，实行错位培养。高等职业院校应该充分认识到，只有找准自己的定位，才能最大限度地发挥自身潜力，不同类型、不同层次的高等职业院校应尽量根据自身实际条件设置专业，为经济社会的发展培养不同层次的专业人才。与地方经济社会发展相适应，在学科专业结构调整与优化过程中，可考虑把省级名牌专业建设与评价作为一项重要内容，在原有专业基础上努力培养跨学科专业的人才，在融合学校学科和地域优势的基础上谋求特色专业建设，把握竞争主动权。

2. 建立学科专业准入、预警、退出机制

首先，建立专业预警机制。教育主管部门和高等职业院校应充分利用计算机网络，建立一个包括专业预警机构和人员数据库模块、专业预警信息采集和传递模块、专业设置和调控评估模块、专业预警对策模块、校企合作网络服务模块和专业预警实施模块在内的专业设置与调控预警系统，用以获取和分析来自教育系统内部和外部的信息、资料，加强政府、社会、学校及市场间及时、高效的沟通和协作，根据专业设置与调控预警指标对其进行跟踪与评估，对处于危机状态的专业及时进行报警并采取相应的措施。一方面，各省教育行政部门及高等职业院校应在招生前对学生进行专业宣讲和行业具体需求状况信息的宣传，引导学生理性选择专业，鼓励他们选择符合区域经济转型升级的专业；另一方面，各省主管部门应针对区域内具体行业的发展情况，对各高等职业院校的专业招生名额进行限制，特别是要限制那些落后于经济发展的专业的招生人数。其次，建立学科专业准入、退出机制。为了推进高等职业院校专业的长期良性循环发展和适应人口入学高峰期的状况，避免出现学校倒闭的困境，高等职业院校有必要建立专业的进退场制度。对于那些不适合本校发展的个别专业，应该坚决让其退场，力求将有限的资源投入到那些优势专业的发展中；应建立专业建设评价的指标体系，对于那些不适合区域地方经济发展现状的专业，可以尝试让其部分退场，逐步建立起合理、科学的退场制度。反之，对于区域地方经济优先发展的领域，高等职业院校应该通过建立专业预警机制，提前布局。

3. 多元分层专业评估，完善监督

高等职业院校专业设置与调整的盲目性使得高等教育质量问题成为全社会关注的焦点。建立多元分层的专业评估机制将在确保高等职业院校人才培养质量方面起到至关重要的作用。这里，专业评估包括对高等职业院校专业设置的硬件设施、师资、教学、专业建设等方面所进行的评估。换言之，为提高高等职业院校专业设置质量，政府需要建立涵盖从专业设置到人才培养全过程的专业评估制度，为政府对高等职业院校专业设置与调整的“审批和监督”提供依据。对有条件扩招的才允许其扩招，对不具备条件开设某些专业或者扩招的高等职业院校，则不允许其设立或盲目扩招，以充分保证高等教育人才培养的质量。为避免无序竞争局面，国家级和省级的学位委员会有必要采取强力调控手段，引进匿名评审制度和淘汰制度，对不同专业进行动态管理和评估，对长线专业进行严格控制，鼓励发展新兴的和符合社会经济发展要求的专业。根据市场供求情况，制定不同类型和层次的高等职业院校专业之间的评估标准，严格依照评审结果实行末位淘汰制或后进淘汰制。

四、课程建设

课程相对于学校教育而言，是指学校学生所应学习的学科总和及其进程与安排。当然，这种解释只是反映课程的一种表象，并未深刻揭示课程的本质和内涵。课程是知识的源泉，是一种文化的传承与创新，是学校造就人才的基础性教育元素。在高等学校，课程是专业的主干，是构筑学科专业发展的核心要素，因此，无论是在精英教育阶段，还是在大众化教育阶段，课程建设无不成为高等职业院校促进教学水平提升的重要举措。课程资源是教学资源中的灵魂，从某种意义上说，没有课程就没有教育，没有专业内涵与知识体系的课程教学也不能称之为高等职业教育。课程资源列为教学资源的审核要素之一，其审核要点体现在三个方面：一是课程建设规划与执行；二是课程数量、结构及优质课程资源建设；三是教材建设与选用。

（一）课程建设概述

1. 课程的内涵

（1）课程定义

高等职业院校课程作为一个有层次的结构体系，宏观上是指高等职业院校为培养一定的人才而制定的培养方案（课程计划或课程模式），微观上是指每门具体学科课程的课程目标、课程内容、课程实施和评价方式。

（2）课程特征

高等职业院校课程的特征主要体现在课程内容上。课程内容是围绕知识与经验的选择、组织、实施而展开的，知识与经验构成课程的核心要素。现代课程内容演进是课程与知识、经验对立统一的过程。高等职业院校课程内容在高等职业院校课程体系中体现开放性、动态性、多元性、涨落性等特征。所谓开放性，即人类活动是一个完全开放的过程，这就决定了人类知识结构具有开放和发展的特性，因此由人类知识组成的高等职业院校课程内容也就必然保存着对外的开放性；所谓动态性，是指高等职业院校课程内容不是一成不变的，知识系统的变动必然带来课程内容选取上的变动；所谓多元性，是指高等职业院校在组织课程内容时要考虑学生在生活技能方面的多样性，以及他们个人生活经验的差异性，建构满足学生多元需求的课程内容。此外，高等职业院校教师在教育活动中，由于专业素养、知识结构、个人价值、信仰等方面的差异，他们对课程内容进行重新筛选，依据个人经验来传递，这就使得教育活动因教师的不同而出现丰富多彩的形式。所谓涨落性，是指高等职业院校课程内容来源于人类的知识系统，知识系统的发展受社会生产力水平、经济结构等因素的影响而出现涨落。高等职业院校保持学生对课程的选择权利，学生便可以自由地选修符合自己发展需要的课程内容，来构建自己的课程体系，建构自己发展所需要的知识体系。

2. 课程的类型解析

随着人们对高等职业院校课程认识的深化和研究的不断深入，高等职业院校课程的外延在宏观和微观课程中间又出现了许多中观层面上的课程类型，如理论课程和实践课程、专业课程和通识课程、必修课程和选修课程、显性课程和隐性课程等。

（1）理论课程和实践课程

理论课程是指有关专业的那些具有迁移性、适应性、概括性和能让学生了解与掌握该专业所必需的原理、规律及方法等知识的课程，它包括基础理论课程和专业理论课程。基础理论课程的实施在于使高等职业生掌握该专业所必需的基础理论、基础知识和基本方法，为高等职业生学习学科知识和进行科学研究奠定扎实而宽厚的理论和技术基础；专业理论课程的实施在于通过专业理论及知识的讲授，使高等职业生掌握本学科的专业知识和方法，了解本专业范围内最新研究成果和发展趋势。

实践课程是为培养高等职业生具有实践性或应用性知识和能力的课程，它不仅仅以训练高等职业生的动作技能为任务，更重要的是能发展高等职业生的实践智慧，形成高等职业生的实践能力。实践课程包括实验、见习、实训、课程设计、毕业论文（设计）、社会调查及社会实践等。实践课程内容指向于实际问题的解决，关注高等职业生的生活世界和个体体验，注重精神道德境界的提升和促进高等职业生的终身发展，其任务在于培养具有实践智慧的问题解决者、具有专业精神和持续的专业发展能力的敬业者。

从理论与实践的关系来看，理论课程与实践课程并非二元对立，就高等职业生知识的获得方式及过程而言，并非理论知识总是先于实践知识，从这个层面上说，理论课程中渗透着实践的因素，而实践课程也蕴含着理论的成分。因而，高等职业院校课程建设应注重理论课程与实践课程的有机融合，以避免两类课程在时空上的分离与脱节。

(2)必修课程和选修课程

按照课程的管理方式或修读要求，一些是高等职业生必须学习的，另外一些则可以由高等职业生自由选择，这样，高等职业院校课程又形成了两大类别，即必修课程和选修课程。必修课程是指某个专业、某些专业乃至所有专业的高等职业生都必须学习的课程，必修课程属于那种基础性、统一性、稳定性强的课程。在高等职业院校，凡是那些对于构成具体的人才培养规格具有基础性、统一性的课程，一般均以必修形式向高等职业生提供。必修课程的实施在于保证某学科专业所培养的人才必须掌握的知识和技能。选修课程是指在必修课程范围之外，允许高等职业生自由挑选一些与专业培养目标直接或间接相关、与个人个性化发展直接或间接相关的课程。理论上讲，高等职业生选修的空间可以发生在课程体系的任何一个角落。具体而言，选修课程可以是本专业的高深理论，也可以是相近专业的相关课程，还可以是跨专业、跨学科门类、跨院和跨校的公共课程。在高等职业院校里，凡是那些对构成特定的人才培养规格具有独特性、灵活性、自由性、交叉性的教学内容，一般均以选修课程的形式向高等职业生提供。选修课程既能照顾高等职业生个人兴趣、爱好和特长，又能满足个性发展需要，其开设的目的在于拓宽高等职业生的知识面，发展高等职业生在某一方面的专长，使高等职业院校人才培养满足社会经济发展对多元化人才的需求。

必修课程和选修课程对于高等职业院校的人才培养来讲是相互促进、互为补充的。必修课程从根本上规定和保证了人才培养的方向和需要，而选修课程则能增加高等职业院校课程设置的灵活性，可更好地对高等职业生进行因材施教，以适应现代社会经济发展和科学技术进步的需要。高等职业院校要满足高等职业生个性化发展需要，拓展高等职业生的自主学习空间，促进高等职业生在知识结构上的交叉与渗透，就必须有目的、有计划地增加选修课程的比例，增强课程的弹性。

(3)通识课程和专业课程

从课程的育人价值上来看，高等职业院校课程可分为专业课程和通识课程。专业课程是指根据国家教育行政部门规定的专业划分，为高等职业生提供专业基础理论、基本知识和基本技能的课程，有的称之为专业核心课程。专业课程设置的目的是让高等职业生掌握本专业的基本知识和技能，成为该专业领域的高级专门人才。专业课程在促进高等职业生的专业素养发展方面有着重要的作用。

通识课程是为高等职业生提供的一种共同的、综合的、非专业性的、非职业性的、非功利性的、不直接为职业做准备的知识和态度的基础性课程。旨在培养高等职业生既具有广博知识又具有高尚人格,既具有深厚文化底蕴又具有反思批判等科学精神,既具有工作和生活的能力与意趣又具有关爱他人、社会及自然的人文情怀和通达共识的境界。通识课程和专业课程表面看来是两个部分,实际上两者是紧密联系、不可分割的统一整体。割裂通识课程和专业课程之间的关系,会导致高等职业生的片面发展,从而背离时代发展的要求及高等职业生的全面发展。高等职业院校课程的建设与实施应注重对两类课程的统整,以使高等职业生在掌握"以何为生"的知识和本领的同时,更要领悟"为何而生"的人生意义和生存价值。

(4)显性课程和隐性课程

从课程内容的呈现方式来看,高等职业院校课程可分显性课程和隐性课程。显性课程亦称为"正式课程",是指为实现一定的教育目标而在学校课程计划中明确规定的学科及有目的、有计划、有组织的教学活动,按照预先编订的课程表实施。显性课程是一种理性教育课程,具体表现为按学科逻辑结构建构起来的各种学科专门知识,通过这类课程的实施能形成高等职业生的认知、技能体系,培养高等职业生的理性思维能力。

隐性课程是指学校政策及课程设计中未明确规定的、非正式和无意识的学校学习经验。隐性课程是一种非理性教育课程,在高等职业院校中由隐性的校园环境、校园氛围、学校风格组成,甚至还包括学校多年积淀形成的教师治学态度和精神。隐性课程以间接的、内隐的方式呈现,其在培养高等职业生的非理性能力,如情操、意志等方面具有重要的作用。就高等职业生的受教育过程而言,理性教育与非理性教育往往是水乳交融的,不可能泾渭分明地将两者截然分开,因为,促进高等职业生的认知、技能和情操、意志的协调发展是高等教育的终极目的。因此,显性课程和隐性课程也是高等职业院校课程系统中的两个不可或缺的有机组成部分,显性课程能促进学生的认知和技能的发展,隐性课程有利于高等职业生情操和意志的陶冶,它们共同完成教育的终极目的,以培养全面协调发展的人。从这个视角来看,高等职业院校的课程建设要有机地促进两类课程的和谐统一。

(二)课程建设及其发展趋势

1.课程建设的必要性和可行性

(1)课程建设的必要性

建设高等教育强国的需要。要建设高等教育强国就必须拥有现代化的高等教育,而现代化的高等教育应当具有现代化的教学内容,这是对高等职业院校的课程及其体系的必然要求。面对人类社会现代化的进程和建设高等教育强国的需要,反观高等职业院校现行的教学和课程体系,部分内容陈旧、整体功能狭隘、结构变革滞后,存在明显的与现代化、与社会生产和职业需求变化不相适应的问题。因此,高等职业院校的课程建设应当成为两个"结合点"并且发挥其教学功能。一是成为"知识创新、科技进步、文化繁荣"新成果与教学的结合点。在这些新成果中,蕴含着可观的极富教学价值的内容,对这些内容进行挖掘、筛选和系统化，整合成新课程，促进现代化的教学内容源源不断地进入高等职业院校的教学过程，提升教学内容现代化的功能，从而更加有效地促进教学现代化和提高教学质量。二是成为社会生产新发展与教学的结合点。现代化所带动的产业结构、技术结构的升级和生产方式、职业需求的变更，也要求高等职业院校的课程不断“推陈出新”，切实提升教学内容的社会适应性功能。

提高教学质量的客观要求。开发新课程是高等职业院校提高教学质量的重要途径。建设高等教育强国必须拥有令人信服的、高水平的教学质量。通过开发新课程，在高等职业院校所有学科专业和人才培养层次的教学中，引入人类认识与实践的新成果，建设内容更加新颖和丰富、功能更加优越和完善、体系更加先进和完备的现代化课程体系，为更有效地提高教学质量创造条件。教育部已经推出的“精品课程计划”，有效促进了高等职业院校的课程建设，成效明显，是高等职业院校课程体系的重要创新。“精品课程计划”强调对现有课程的建设，以“精益求精”为主导优化现有课程的品质，突出的是课程的“精”，但是未能涵盖对具有新颖性内容的课程的开发与建设。高等职业院校承担培养高层次现代化人才和促进社会现代化的重任，提高教学质量是其中的要务，它的课程不仅要为人才的发展打好必要的基础，而且应该成为传授现代化的新知识、新理论、新方法的教学内容载体。通过开发新课程，实现教学内容创新，使学生的知识体系更加现代化，如果不开发新课程，那么现代化的教学内容完全有可能难以及时、系统和高质量地进入高等职业院校的教学过程，就有可能降低高等职业院校教学质量的预定标准。

(2)课程建设的可行性

在高等职业院校所有学科专业和人才培养层次的教学中，通过引入人类“知识创新、科技进步、文化繁荣”的新成果和适应社会生产、职业变化的新内容来开发新课程，不仅是必要的，而且是可行的。高等职业院校具有“人才密集、知识与智力成果密集、信息密集”等优势，为开发新课程提供了必要和充分的条件。

高等职业院校具有课程建设所需要的科研资源和学术资源。高等职业院校集聚着强劲的“知识创新、科技进步、文化繁荣”的能力和丰硕的成果，具备开发新课程所需要的充沛的科研资源和学术资源。高等职业院校的科研与学术活动具有显著的创新价值，其成果为前沿性新课程开发提供了充分的可加工材料，是保证这类课程内容新颖性的充分条件。

高等职业院校与社会关系紧密，具有课程建设所需的广泛的社会资源。高等职业院校建立了与社会广泛的组织联系，具备获得现代产业结构、技术结构、生产方式、职业需要变化信息的广泛的社会资源。产学研联盟、董事会和校友会等是高等职业院校与社会联系的成功的组织形式。通过这些组织形式，社会的成果需求、人才需求、职业需求方面的信息能够快速地进入高等职业院校，成为高等职业院校创新适应性新课程的重要源泉。

高等职业院校课程建设的成本低、收益高，开发新课程的物质资源投入不高。开发新课程主要依靠高等职业院校现有人才、知识、信息、学术和科研成果密集的优势，将“知识创新、科技进步、文化繁荣”的成果中富有教学价值的新颖性内容，按照教学要求进行筛选、移植和整合，就形成新课程。开发新课程对物资、经费等投入的依赖性很低，开发的成本不会很高，因而是效益十分明显的教育和教学创新。

2. 课程建设的核心要素

(1)师资队伍建设

师资队伍建设是课程建设的先导，其建设内容主要是优化师资队伍的学历结构、年龄结构、职称结构和学员结构，以及学术水平、教学水平、教育理论和思想素质等。要建设具有一流水平的课程，首先要有一支一流的学术水平、丰富的教学经验、深厚的教育理论功底、扎实的教学技能、严谨的治学精神的师资队伍。

(2)教学内容和教学质量建设

教学内容和教学质量建设是课程建设的核心和主体，也是衡量课程建设质量的主要标准，其内容主要包括教学思想的改革与建设、知识内容建设、教学水平建设、教材建设、教学资源建设，以及结合专业特点积极开展教学改革与教学研究等内容的建设。

(3)教学方法和教学手段建设

教学方法和教学手段建设是实现课程建设目标的主要途径和基本保证，在课程建设中，要紧紧围绕提高教学质量、加强素质教育和培养学生能力等，结合专业特点、教学内容积极开展现代化教学方法、教学手段的研究与建设，确保课程建设快速发展。

(4)教学条件建设

教学条件建设是课程建设的重要保证，主要包括课堂教学的基本设施、实验和实习等实践教学条件、教学环境和教学氛围等建设。

(5)教学管理建设

教学管理是课程建设的组织保证，主要包括科学、规范、系统和配套的教学管理规章制度、教学质量评价体系、教学档案资料和教学激励机制等内容的建设。随着课程建设的发展和提高，不断提高教学管理水平，才能及时、科学地评价教学质量，确保课程建设的各项内容健康发展。

3. 高等职业院校课程建设的发展趋势

(1)课程设置向综合化发展

由于现代科学技术在社会生活中的全方位渗透，导致了越来越多的综合性问题，如贫穷、环境、能源开发等，这些问题已经成为威胁人类生存和可持续发展的主要问题。解决这些重大社会问题，仅仅依靠某一个学科是无法完成的，需要多种学科协作进行。现代科技和生产的发展显示出对学科综合化越来越多的依赖，这促使高等学校的课程有必要向综合化方向发展。

(2)课程模式向多样化发展

市场经济是一种多元化、多层次、处于不断运动变化中的开放体系，“单一技术型”的人才已经难以适应市场经济体制的客观需要，统一的课程模式无法适应市场经济发展的需要。根据不同类型人才的不同使用规格和要求，制定出不同的教学计划，使课程模式多样化，让学生有更多自主选择权和更多弹性发展空间，培养知识、能力与素质全面综合发展的“完整的人”是社会对高等职业院校人才培养的主要期待。因此，使课程模式从单一走向多样，从封闭走向开放，培养有较高的综合素养、有较强的适应能力的人才以满足社会对人才的需求，成为我国高等学校课程改革与建设的十分重要的任务。

(3)课程内容向现代化发展

课程内容现代化是科学技术现代化在高等职业院校课程建设中的反映。信息社会与知识经济时代的到来，现代科技知识的更新周期日益缩短，要求高等职业院校培养的人才能适应社会飞速发展的要求，并具有解决复杂问题的综合能力和创新能力。而有了宽厚扎实的基础理论知识，就能较好地适应科技知识的更新和专业的转换。高等教育的每一个专业在课程设置上均应形成宽基础、多方向的专业课程结构，使专业的课程设置体现出专业理论扎实、专业知识宽而新的特点；同时在课程设置中，加入哲学、历史等人文课程和英语等工具课程，以培养具有良好素质和完善人格的人。这既是拓宽学生基础知识的需要，又是课程国际化发展的需要。另外，剔除课程中陈旧过时的具体事例和旧的范式，及时将科学发展的最新成果纳入课程，使学生及时了解学科发展的新成就、新观点、新问题和新动向，掌握世界有关新专业、新学科和相关学科的“脉搏”跳动状况。在课程内容中整合当今最新的信息和技术，以增强学生的应变能力和创新能力，这已成为高等职业院校课程建设的基本任务。应该说高等职业院校课程建设的这种发展趋势是我们改革现行课程体系，实施人文素质教育的最基本的依据。而目前我们众多高等职业院校的课程设置现状显然还无法适应这种新的发展趋势的要求，离我们所设定的目标还有很长一段距离。

(三)课程资源开发与利用

1.教材的开发与利用

(1)教材建设的内涵

教材建设是高等职业院校教学基础建设的重要组成部分，是深化高等教育教学改革，全面推进素质教育，提高教学质量、师资水平，反映教学改革成果，培养创新人才的重要保证；是高等学校学科建设的重要组成部分，是教学管理的重要内容，是巩固教学内容、优化教学成果的集中表现。高等职业院校教材建设工作主要包括教材规划、组织编写、出版流通、教材研究、教材评价、选取使用等几个方面。要依托课程改革和建设，努力建设好能体现学科专业特色和学科水平、反映最新科学技术发展、得到国内高等职业院校同行认可的优秀教材。教材建设是教学管理的一项重要任务，是一项长期的、经常性的艰苦而复杂的基础工作。

(2)教材建设的意义

教材建设提升师资队伍建设水平。教材质量水平在一定程度上反映编著者所在学科专业的学术水平，教材建设对提升教师业务水平具有十分重要的作用，教材作为科研成果的结晶，应当吸收最新科技成果和学科知识。但教材的内容不是知识的简单堆积，而需要编著者对知识进行系统阐发和论证。教材的编写过程是一个再创造过程，也是提升与培养教师能力的过程。同时,教材又是教学经验的结晶。教材的编写过程,是促使编著教师系统总结成功教学经验和方法的过程。在教材建设中充分发挥教学经验丰富、学术水平高的教师的作用,促进师资队伍的建设,特别是通过组织编写队伍,可促进与培养高水平的教学团队。在教学团队与专业、名师工程、规划教材等"教学工程"项目建设中,许多高等职业院校积极鼓励高水平教师编著教材,提高了学校与相应专业的学术地位和知名度,带动了年轻教师队伍的成长,提升了师资队伍的教学水平。

教材建设奠定提高教学质量的基础。学校的教学质量,是教和学两方面的综合反映。要提高教学质量,必须抓好教材建设。教材是体现教学内容和教学方法的知识载体,是教师进行教学的基本依据,也是学生系统地获取知识的主要载体。优秀的教材,为教师备课、讲授、指导学生阅读参考书和作业提供了重要的客观依据;教材中描述的新知识和新方法,既有利于教师的讲授,也有利于学生的学习与拓展,成为提高教与学质量的可靠保证。在课堂教学中,教与学主要围绕教材进行,抓好教材建设成为提高教学质量的最基础性的环节。为达到人才培养目标和教学目的,教师必须按教学大纲编写的教材开展教学。要使学生系统地、高效地、循序渐进地获取相关专业知识,必须有专为一定专业与年级学生编写的、经过去伪存真和去粗存精的教材,尽管高等职业生可从参考书、杂志、参考文献中获取知识,但教材仍是他们获取系统知识的最重要载体。优秀教材建设是有效提高教学质量的助推器。

教材建设促进精品课程建设与改革。高等职业院校精品课程的建设与实践,大大提升了课程建设整体水平,根据精品课程建设的需要与课程改革要求,编写高质量的教材建设。一方面,对不能满足课程改革需要的旧教材要推陈出新,对教材体例、内容和教学方法进行改革创新;另一方面,在课程改革中,由于课程体系的改革与调整,一些不适应当代经济社会发展需要的旧课程被取消,一些新课程会随之应运而生,根据课程改革建设后的需要必须进行新教材的建设。随着教育教学改革的深入,许多高等职业院校加强了人才培养的实践教学环节,增强实验课程的层次性及其与理论课程的匹配性,加强专业实验系列课程的整合建设,优化课程实验项目,特别是提高了综合性、设计性实验的比例,探索研究性实验教学的新方法。所有这些实验课程与实践教学的改革探索,都需要构建与之相配套的教材体系。实验教材的建设可在根本上巩固实验教学改革的成果,促进精品课程的建设与改革。

2.精品课程的开发与利用

(1)精品课程的内涵

精品课程是指具有一流教师队伍、一流教学内容、一流教学方法、一流教材、一流教学管理等特点的示范性课程。精品课程建设是教育部"高等学校教学质量与教学改革工程"的重要组成部分。精品课程资源可划分为数字化显性课程资源、非数字化显性课程资源、数字化隐性课程资源、非数字化隐性课程资源四种类型。其中,数字化显性课程资源包括电子教案、教学录像、网上习题、网络链接等资源;非数字化显性课程资源包括教材、教学大纲、教学管理制度等资源;数字化隐性课程资源包括学生基于网络学习的经验、基于网络协同学习的经验等资源;非数字化隐性课程资源包括教师或教学团队的教学思想和教学理念、教学方法、教学经验等资源。

(2)精品课程的建议与措施

建立立体化精品课程资源库。建设集教学、管理、评价为一体的网络立体化资源体系，提高网站教学精品课程资源建设不是资源的简单组合，而是要进行有效的教学设计和整合，规划设计是融教与学、自主学习与合作学习、资源提供与问题解决、理论学习与实践活动、全过程督促管理、全过程学习评价于一体的立体化资源体系。在此基础上针对不同的教学内容，积极规划与之相适应的课堂授课、小组合作交流、自主学习、基于项目的学习、基于问题的学习等多种形式的教学方法和学习活动，并结合网络的优势，设计问题、指定任务、创设情境，充分营造立体化网络学习的氛围，体现先进的教学理念和教学改革方式，以提高精品课程网站的教学功能。

整合高等职业院校精品课程优质资源。资源共享交换中心的建立，对精品课程的建设起着极大的推动作用，各高等职业院校可以利用该中心来构建自己的课程平台，使自己的优质教学资源得到更好的体现，从而促进教学质量的提高。各高等职业院校应该充分地利用平台优势，从封闭建设转变为开放建设，将已评的精品课程教学资源整合好，为每一个知识点提供不同教学环节的优质资源，如教学设计、电子教案、典型例题、应用案例、释疑解难、名师讲课录像、动画等。同时在整合现有优质资源、集中力量完成基础性建设工作的基础上，逐步建立起征集、筛选、审查、应用的滚动发展机制，从而保证精品课程资源建设的可持续发展。

强化课程网站的技术开发。加强技术保障，降低制作更新难度，完善精品课程网站的整体建设，合理运用现代教育技术，充分发挥管理人员、学科教师、技术人员的合力作用，为网站提供良好的技术支持和服务。应用统一的网站建设平台，降低技术难度；对教师进行必要的网络技术培训，使其掌握网站维护与更新的基本技能，保证网络畅通，共享顺畅。

构建精品课程开发团队。根据当前教师的信息技术水平，精品课程的开发单单依靠教师任课团队是远远不够的，必须实现开发和建设团队重构。一般的精品课程开发和建设团队是由课程主持教师、网络技术人员和美工人员组成。这样的技术支持进行精品课程开发比较薄弱，存在若干缺陷，具体体现在教学设计不足和忽视使用者的需求上，所以建议精品课程的开发团队应该增加教育技术专业人员和学生代表。课程主持教师负责课程的策划，保证学科的科学性和实践性；学生代表从学习者的角度提出使用需求；教育技术专业人员要根据教师和学生意图做好课程网络资源的教学设计，选用最合适的方式组织和呈现课程资源；美工人员则负责精品课程页面的美化。这四者虽然分工较为明确却不是各自为政的，在精品课程的开发过程中他们要经常在一起沟通、讨论。教育技术专业人员必须在对开发的课程资源充分熟悉和了解的基础上才能很好地进行设计和技术实现。

加强精品课程管理，实行质量评价。精品课程建设是一项工程，这就意味着必须经历申报、审批、检查和验收等环节。每一项精品课建设工程的评估，都应有一套完整的科学评价体系和内容指标。高等职业院校管理部门和教育部主管部门应高度重视，严格把关，严禁弄虚作假，建立严谨科学的评价体系、完善的管理体制，建立健全检查、验收制度。通过对精品课程进行全方位建设和目标管理，形成有效的质量评价机制，对精品课程建设实施全程监控，规范课程建设的过程管理。有效的课程建设与改革使教学管理机制更趋于科学规范，形成一套完整的管理制度，把握住影响教学质量的各个环节，稳步推进教学质量，实现对课程建设质量的跟踪监控。

五、学风建设与学生指导

（一）学风建设

学风关乎人才培养质量，维系学生健康成长，影响学生顺利就业，必须进一步加强学风建设。学风是一所学校治学精神、治学态度和治学原则的综合体现，是校风的主要内容，也是形成良好校风的基础和前提，是培养高素质人才和提高学术水平的关键，也是高等职业院校体现文化品位及格调的重要标志。学风是读书之风，是治学之风，更是做人之风。学风有广义和狭义之分。从广义上讲，学生的学习风气、教师的治学风气、学校的学习氛围都属学风的范畴；从狭义上讲，学风是学生在校学习、生活、纪律等各种综合风貌的集中表现，包括学生思想品质、学习目的、学习动力、学习态度、学习精神、学习纪律、学习方法、学习习惯，主要体现在学生日常的行为之中。这里面既有学习氛围、学习环境等集体因素；也有学习态度、治学精神等个体因素。二者相互影响，相互渗透，最终形成一种相对稳定的状态。学风是教书育人的本质要求，关系到学生的成长成才以及学生未来的发展。应该说，学风与每个学生的根本利益和自身成才息息相关，学风建设是每位学生自身成长成才的内在要求。因此，进一步加强学风建设，显得尤为重要。

1.进一步明确加强学风建设的指导思想和工作目标

以培养社会需求的合格人才为目标，以解决学风建设中存在的突出问题为突破口，以学生良好学习习惯的养成和学风建设长效机制的构建为重点，加强专业认知教育，激发学生作为学习主体的内在动力。牢固树立以学生为主体、教师为主导的思想，通过教风带学风、教育导学风、管理促学风、活动倡学风、奖惩推学风、考风正学风，齐抓共管，标本兼治，在全院形成“学生以成才为志，教师以教学为业，学院以育人为本”的良好氛围，培育厚德、博学、励志、笃行的学子风范、推动学风建设再上新台阶，全面提高教学质量和人才培养质量。

2.学高为师、身正为范，以良好的教风带动学风的根本性好转

教与学是相互影响、相互制约、相互促进的，教得如何，直接影响学的兴趣、态度、质量和效果。所以，要想学风好、学风优，首先就要在教风上下功夫。推动教师树立热爱学习、学会学习、善于学习、坚持学习、全面学习、终身学习的观念，形成坚持真理、大胆创新的治学精神，严谨求实、刻苦钻研的治学态度，理论联系实际、指导实践的治学方法，发扬学术民主、恪守学术规范的高尚情操；引导广大教师忠诚党的教育事业，精心施教，教学有方，言传身教、以身作则，以模范言行影响学生；促进广大教师坚持教书育人，维护课堂纪律，强化教学秩序，融育人于教书之中，注重从思想上引导学生。学院要着力构建体现学院文明传承、追求卓越的学风体系，加强师德师风建设，强化教师责任感和示范性，开展教学研究，改革教学方法，革新教学手段，完善教学设计，落实教学质量监控体系，促进教师治学水平不断提高；促

进党政管理干部服务意识不断提升，工作作风更加扎实，管理水平显著提高。建立学风监督评估体系和长效机制，形成师生互动，教学相长、学习主体自觉自律、自主意识充分发挥的良好局面。

3. 加强教育，严格管理，进一步提升加强学风建设的执行力

加强教育、严格管理，是形成良好学风的基础和保障，学风建设要以学生养成良好的学习习惯和行为习惯为抓手。加强思想引领，坚持经常性、持续性、针对性的思想教育，引导学生养成科学严谨的学习态度，不断强化学生的学习动力。加强专业认知教育，提高学生对学习专业的信心。积极采取措施，消除学生中存在的消极学习现象。加强心理测试与咨询工作，避免学生因心理问题导致学业荒废的现象发生。严格学生日常管理和一日生活制度，培养学生养成良好的学习和生活习惯，促使学生把主要精力投入到学习活动中去。从严格规范学生的学习行为入手，健全和完善学风建设管理制度。突出学生宿舍学风建设，努力建设学习型、创新型、和谐型、清洁型宿舍。强化学生干部的责任，学生干部要守土有责、守土负责、守土尽责，在学风建设中提高工作能力。

4. 丰富活动，奖罚分明，努力形成学风建设的新气象

(1)广泛开展第二课堂学习活动

充分利用课余时间和双休日，积极开展各种社团组织活动，鼓励学生参加各种兴趣小组和社团组织。积极利用现代教育手段，构建学生相互学习的平台。鼓励学生建立学习、学术网页和学习群，建立各类读书会和学术研究会，自主开展读书学习活动。深化班级文化建设活动，以班级文化建设带动学风建设。

(2)积极开展创先争做活动

召开以学风建设为主题的班会，制定学习计划、建立自我管理机制，形成“比、学、赶、帮、超”的学习风气，每个人都要在学习上有所进步、在素质上有所提升，从而促进整个学风的好转。学生入党、国家助学金的评选和学校困难补助的发放，都以学风优良为重要评价尺度，从而创造学风优良、成绩优秀光荣的良好氛围，推动学风建设。

(二)学生指导

1. 有效辅导应有的放矢

在进行辅导前，要事先确定辅导的对象和内容。辅导的内容主要有解答疑难、堵漏补差、拓展提高、端正态度、指导方法等。辅导的对象应该既有学习困难者、存在学习障碍者，又包括学有余力者和因故缺课者。由于学生之间在知识技能基础、理解能力、思维能力、学习方法、学习兴趣等方面存在着个别差异，他们对课内教学的适应性不同，有着不同的辅导要求。教师要根据不同情况，分别制订辅导方案。因此，对学生学习的辅导大多采用个别辅导或者集体辅导形式。

2. 有效辅导应把握重点

一般说来，“补差”和“提高”是对学生学习辅导的工作重点。首先要认真分析学生情况，准确找出差的原因，是知识、技能基础薄弱，还是方法、能力缺陷？是智力因素引起，还是非智力因素造成？是学生方面的问题，还是教师方面的问题，或者是在家庭、社会环境方面出

现了问题……然后针对问题原因寻找有效措施。补“差”先要补“心”，教师要注意培养学生学习兴趣、消除自卑感，增强学习信心、调动学习积极性，多给予实事求是的鼓励和激励。除了知识技能存在缺陷外，学习落后者常常存在不善于积累、不善于综合运用知识技能、死记硬背、学习方法不良或者不求甚解、不重视阅读课本、不重视练习作业、不够严谨踏实、学习态度差、学习习惯不良等问题。教师要积极进行探索，重视学习方法指导，针对具体问题灵活机动地设法解决。对优秀学生的辅导，可以适当增加学习内容和知识难度，满足他们的学习欲望，进一步培养他们的学习兴趣。此外，还可以指导他们进行课外阅读，吸引他们参加课外活动。除了重点抓好“补差”和“提高”外，对于那些问题不多或者学习一般、尚未形成强烈的学习兴趣，但是具有学习潜力的学生，教师也应适当兼顾，注意引导和指导，不能不闻不问。

3.有效辅导应科学合理

科学合理的辅导方法是有效辅导的关键所在，通过教学实践，结合一批教师的经验，归纳几种辅导方法如下。

①明确辅导内容，定时定量。

②有布置、有检查、有点评。

③作业布置适量，难易适度。

④温故与知新比例适中。

⑤点与面相结合。

⑥难与易相结合。

⑦谈心工作贯穿其中。

⑧关注不同层次学生的发展。

⑨集体备课时，提前确定好辅导内容。

⑩填写辅导记载表，便于对重点生进行跟踪。

此外对学生的辅导跟同为教学环节的作业批改和讲评互相关联，除了在课内获得有关信息或者学生提出要求外，在通过作业批改发现教学中的问题后也常常要进行学习辅导。但是，学习辅导的内容更广泛，不一定围绕作业问题；作业讲评要经常进行并且面向全体学生，教学辅导则主要面向一部分学生。对学生的辅导必须把握好度和量，否则有可能加重学生学习负担。

总之，要使辅导工作深入有效，教师一定要怀着满腔热情和对学生负责的精神积极地投入，要注意跟学生坦诚交流，沟通心灵，用积极情感点燃智慧火花，促进学生的发展。有效辅导是我们教学过程中重要一环，只要我们思想上重视，行动中落实，方法上得当，我们学校的有效辅导工作一定会有力推动教育教学质量的稳步提高，并结出丰硕的教学成果。

六、教学质量评估

教学是高等职业院校的基本职能，教学工作是学校的中心工作，要不断提高学校的教学质量，才能培养出合格的适应新时期发展要求的人才。课堂教学是高等学校教学中最基础、最核心的教学环节，是学校教育最直接、最主要的教育形式，教学质量的高低和效果好坏，直接影响学校人才培养质量的高低。随着高等教育大众化的普及，课堂教学的重要性显得愈加重要，提高课堂教学质量已经成为高等教育教学改革的紧迫任务。

教学质量评价是高等职业院校管理的重要内容，是影响学校发展的一个重要因素，也是培养教师教学能力的有效手段。搞好教师教学质量评价是每一所学校在管理中要重点解决的问题。合理而公正的评价方法，不仅能全面公正地反映教师工作的基本情况，而且还能充分尊重教师的权利。对于有针对性的提高其教学质量、促进其教学水平提高有明显的激励与导向作用，在评价教师课堂教学质量上具有较高的区分度与信度。学生评教是教育教学评价的一种方式，也是教师教学质量评估的一个重要方面，目的是发扬优势、克服不足、扬长避短，使教学质量整体不断提高。

通过学生评教方式对某高等职业院校教师课堂教学质量进行调查，并采用对应分析方法对调查数据进行分析研究，探讨不同类别的教师与课堂教学质量影响因素两者之间的对应关系，为今后高等职业院校教师课堂教学质量的提高提供理论和方法上的科学依据。

通过对高等职业院校教师按照职称、学历和年龄的类别分类分别进行研究，并与课堂教学质量评估中的指标进行对应分析，得出如下结果：

第一，根据职称将教师分为高级职称、中级职称和初级职称三类，高级职称教师课堂教学质量主要有方法多样、生动有效、因材施教、注重启发、板书工整、条理清晰、内容丰富新颖等指标相关，中级职称教师主要与教学责任心强、观点正确、概念清楚、重点突出、理论联系实际、重视学生能力培养等指标相关，而初级职称教师主要与语言生动、简洁、严格要求、循循善诱、难度深度适宜等因素相关。由此可见，具有高级职称和中级职称的教师对影响课堂教学质量的因素都有较为全面的把握，能较好的保证课堂教学质量，但需要在与学生的亲和力等方面进一步加强，而初级职称的教师虽然在语言表达等方面较其他两类教师有所优势，但需在教学责任心、教学方法、教学难点重点把握等方面加强努力。

第二，根据年龄将教师分为老年教师、中年教师和青年教师三类，老年教师其课堂教学质量主要与教学责任心强、治学严谨、为人师表、重点突出、板书工整、条理清晰等指标关系较密切，中年教师主要与理论联系实际、难度深度适宜、观点正确、概念清楚、严格要求、因材施教、注重启发、循循善诱等指标相关，而青年教师主要与重视学生能力培养、语言生动、简洁、方法多样、生动有效、内容丰富新颖等因素相关。由此可见，中老年教师在为人师表、教学责任心及对本学科的新理论、新知识掌握全面等各方面具有较好表现，而青年教师则需在这几个方面更加努力，以提高课堂教学质量。

通过学生评教的方式对教师课堂教学质量的调查，发现了影响高等职业院校教师课堂教学质量的一些因素，并且应用对应分析方法处理调查数据，得到了这些影响因素与不同类别授课教师的对应关系，这对怎样更好地提高高等职业院校课堂教学质量、培养更多合格的现代化建设人才的研究具有重要的促进作用。调查结果显示，教学责任心强、注重启发、重视学生能力培养、观点正确、概念清楚、重点突出、治学严谨、为人师表等是影响高等职业院校科技人才培养的主要因素，并且不同类别教师与各项指标有着不同的相关关系，这也为今后不同类别教师进一步提高课堂教学质量指出了明确方向。

(一)构建中国的高等教育质量评估体系

建立和完善高等教育质量评估体系,我们应该从宏观和微观层面上都做好工作。宏观上,国家在外部质量评估方面从制度建设、机构建设、评估方案等方面做好工作,微观上,高等学校自身要做好校本评估,建立健全的教育教学质量评估体系。构建“内外结合,以外促内,内为基础”的评估体系。

1.建设原则

(1)“三个面向”的原则

“教育要面向现代化、面向世界、面向未来”,构建高等教育质量评估体系要以三个面向为原则,高等教育评估要面向现代化、面向世界、面向未来。

高等教育评估要解决的核心问题是保证和提高高等教育质量。中国的高等教育评估体系理所当然地要根据中国高等教育的实际情况和今后发展来规划和设计。它必然具有中国特点,适用于中国高等教育,这是毋庸置疑的。但是这并不等于说可以满足于“闭门造车”“闭关自守”,我们要的是放眼世界,着手于中国,从而建立起中国的高等教育评估体系。它既适用于中国国情、解决中国问题,又符合国际潮流、容易为国际同行所接受。高等教育评估面向现代化,同时,高等教育评估不仅要着眼于当前,而且更要着眼于未来高等教育的发展。

(2)坚持以科学质量观为指导的原则

科学的高等教育评估体系构建的前提是以科学的质量观为指导。科学质量观认为高等教育质量是一个多层面的概念,具有多样性,不能仅仅用一个尺度来衡量高等教育质量,而应该坚持共性与个性相统一的高等教育质量观。质量是有层次的,不同层次的高等学校应该有不同的质量标准,不同类型的学校也应该有不同的质量要求。

评估标准的建立应与国家高等教育发展方向的共性相符合,与各高等职业院校类型层次的个性相符合,引导不同类型、不同层次的高等职业院校在不同的教育质量标准下准确定位、找准自身的发展空间和发展方向。坚持科学的多元化的高等教育质量观,用科学的多元化质量标准去综合评估高等教育质量已成为一种必然趋势。在高等教育评估体系建设中,应根据不同学校的层次水平,制定相应的评估标准,实行分类指导。

(3)以内为主,以外促内的原则

构建中国的高等教育质量评估体系,要“以内为主、以外促内”,在进一步扩大高等职业院校办学自主权的同时,要建立一种自我约束机制。高等教育质量保障必须以学校质量控制和自我评估为主,以外部质量审核、专业认证和水平评估为辅。

高等教育评估分为外部评估和内部评估。外部评估是指学校外的政府部门、社会中介机构、企业、新闻媒体等对高等职业院校教育教学质量进行的评估活动,内部评估是指学校内部进行的评估活动。二者的侧重点有所不同,外部评估偏向于从政府、社会、企业、学生家长等投资者和用人单位的角度考察学校的办学效益和质量水平,具有鉴定性质,多是终结性评估;而内部评估则从学校内部工作改进的角度检查学校的办学状况,为学校教育教学工作的改进和发展服务，体现为发展性功能，主要是形成性评估。从教育质量的改进和提高这一角度来看，内外部评估的关系应该是“内外结合，以外促内，内为基础”，其原因就在于高等教育是一种发生在高等职业院校的专业活动，其主体是学术人员，高等职业院校及其成员改进与提高质量的动机是内在的，不能从外部强加。因此，外部评估最重要的功能，应该集中于为高等职业院校自我改进提高提供持续、稳定的支持，使高等职业院校及其成员能够在一个良好的制度环境中关注其专业活动质量。

(4)坚持渐进性的原则

我国高等教育评估制度的建设受到诸多因素的制约。中国建立科学有效高等教育评估体系是一个渐进、漫长的过程，与政治体制改革和高等教育体制改革密切相关。我国政治体制改革的原则是“积极稳妥”“有步骤有秩序地向前推进”，与之相适应，我国高等教育体制改革也是渐进式的。“由于任务和权力分布的广泛性，普遍的大变革一般都难以发生，可以说渐进式改革是高等教育改革的基本模式。”总体上，政治体制改革和高等教育体制改革的实践既规定着高等教育评估制度发展的限度，又成为其发展的极好契机，这在客观上要求高等教育评估制度的发展要与其它改革相适应、相配套、相协调。根据制度经济学中社会制度的形成具有“路径依赖性”的观点，有效的制度设计必须考虑政治、经济、文化、科技等社会因素的历史存量的影响，激进式的制度变革必须承受巨大的转轨成本。因此，构建中国高等教育评估体系，需要充分考虑我国国情和高等教育发展阶段的问题，要在激进与僵化之间取得平衡，渐进地推进高等教育评估体系建设。

2.基本框架

(1)重视制度建设

我们要重视高等教育法律保障及制度的建设，使中国的高等教育真正纳入规范化、法制化、良性发展的快车道，避免“人存政举，人去政息”的局面。评估制度是保证高等教育评估工作高质量持久开展的必要条件，必须要在相关法律的保障下才能走上健康的发展道路。因此，必须建立和完善我国高等教育评估制度并使之法制化。

建立元评估制度元评估，又称“元评价”，就是指按照一定的标准，运用可行的科学方法，对教育评估方案、教育评估结果和获得结果的过程进行分析，从而对教育评估做出价值判断，也就是对教育评估的科学性、有效性和现实性等进行评估。很显然，高等教育评估体系本身的科学合理性及其开展的评估活动的客观真实性是其能够对高等教育质量的改进和提高起到积极促进作用的先决条件。很难想象，一个本身不够科学合理的高等教育质量评估体系及其开展的评估活动能够客观真实地反映高等教育质量现状，能够做出合理的价值判断。元评估就是对高等教育评估系统及其开展的评估活动本身的质量进行评估，以保证高等教育评估活动能够有利于改进和提高高等教育质量。所以，建立一个权威公正的元评估系统是高等教育评估体系及其评估活动有效性的根本保障。

设立评估机构与专家资格认证制度，对高等教育评估中介机构和评估人员进行资格认证和考核，是构建高等教育评估体系的重要方面。国家应该制定高等教育评估中介机构的资格准入和审查制度以及管理制度，对高等教育评估中介组织建立严格的资格准入制度，建立定期或不定期的资格审查制度，杜绝不符合要求的机构进入到评估机构当中，并对不合格的机构给予清退。只有严格执行资格准入和审查制度，才能维护教育评估的权威性和公正性。

建立对评估人员的资格认证制度。国家可以通过对评估从业人员的资格认证制度，规范评估行业的准入制度，提高教育评估的专业化程度及质量。在此方面，我们可以成立高等教育评估协会、负责对本行业的人员进行资格认证和后期考核，通过高等教育评估资格认证考核，确保评估从业人员的专业水准，不断提高评估从业人员的素质和水平。

(2)注重评估机构建设

与高等教育制度建设同步的是，高等教育评估的组织机构不断健全。教育部高等教育司和国务院学位委员会办公室分别成立了负责监督和领导全国教育评估和学位与研究生教育评估的专门机构，教育部高等教育司设有专门的评估处与教育部评估办公室，具体负责全国普通高等学校的教学工作评估。特别是教育部高等教育教学评估中心的成立，标志着中国高等教育评估工作的全面启动。高等教育教学评估中心是一个国家级评估机构，直属教育部领导，受教育部委托，专门组织实施高等学校教学评估及各项专业评估工作，履行质量监控的行政职能，是一个行政性事业单位，从事非常重要的工作，承担着非常重要的责任。根据评估有关文件规定与实际工作需要，教育部聘请各方面专家成立了第一届教育部普通高等学校本专科教学评估专家委员会和第二届教育部普通高等学校教学工作评估专家委员会。

我们应当建立高等教育评估的社会中介组织，开展中介性高等教育评估，是我国高等教育评估走向社会化、民主化、制度化的内在要求，也是促进我国高等教育管理体制改革的一项重要举措，对提高高等教育质量意义重大。

首先，社会中介组织是调节政府与高等学校之间矛盾的缓冲器。政府宏观管理与高等学校自主办学是一对矛盾。高等学校应当拥有充分的办学自主权，是高等教育自身规律和高等学校的性质、任务决定的。建立高等教育评估的社会中介组织，就是在认识和承认高等学校、政府两者在高等教育工作中的地位、作用的基础上发挥特殊的调节职能。

其次，社会中介组织与高等学校没有直接的利益关系，他们以“旁观者”的角度来评估高等教育，能在评估中保持“超然”的态度，他们能够兼顾政府、社会和学校各自的需求，尽可能按共同一致的价值标准来评估高等教育，使高等教育评估更加客观公正，而被公众广泛接受。

最后，相对于教育行政部门组织的评估来说，社会中介组织的评估有以下几个特点。就评估过程而言，教育行政部门的评估具有较大的权威性，它的每次评估活动都会给下属单位的各个部门带来压力，使得下属各个部门要想方设法来应对这场评估。实践表明，这种类型评估活动无论从组织者还是从被评者来说每次都要花费大量的财力与物力。相比之下，社会中介组织的评估，由于与被评单位没有隶属关系，因而，只能依靠评估本身的可行与公正，以及学术上的权威形成社会影响，同时可以节省大量的人力与物力。从其自身的能力出发，它必定注重评估活动的可行性,否则,它就无法承担这方面的任务。就评估的结果而言,由于教育行政部门精力的限制,它不可能对下属单位进行经常性的评估,对社会中介评估而言,它的评估可以是经常性,甚至是突然性的,因此,它容易获得有关单位自然状态下的信息。在一般情况下,由教育行政部门组织的评估了解到的往往是一个单位在最佳情况下的信息。

(3)建立以分类指导为基础的评估方案

分类是一种主观活动,而结构则是一种客观的存在。无论从研究职能、教育职能还是社会职能来看,高等学校结构分类的影子到处可见。任何一个国家的高等教育都不是由单一类型的高等学校组成,多样化的高等教育机构满足社会与学生的不同需求,不同类型和不同层次的高等学校应有不同的分工,具有不同的发展目标、重点与特色。随着社会经济的不断发展,应用型高等教育发展的层次逐渐上移,学术型人才的培养与应用型人才的培养具有不同的规律,应放在不同的学校进行,各类学校呈互补关系,彼此不可替代。不仅学术型人才需要有学位层次,应用型人才也需要有学位层次。

我国当前高等学校划分为六种类型:①综合、民族院校;②理工、农林院校;③师范院校;④医药院校;⑤语文、财经、政法院校;⑥体育、艺术院校。经济和社会的发展所需要的人才是多层次、多类型的,我国的高等教育不可能都以多科性、综合性、研究型的高等职业院校为发展的唯一战略目标。就当前高等教育实际来说,多种经济所有制形式必然要求高等教育办学机制的多元化,既然发展多种形式的高等教育是趋势,那么建立多元化分层次的质量评估体系就成为必然。教学研究型和教学型的高等职业教育评估体系则以本专科教育甚至职业教育为主,兼顾少量研究生教育、科学研究和服务社会。多科性、综合性、研究型高等职业院校以国家投入为主,评估体系由教育部制定;而教学研究型和教学型高等职业院校以地方投入为主,评估体系根据地方经济和社会需求制定。全国统一的高等教育评估体系的弊端是显而易见的,也不利于现阶段高等教育大众化进程。

"要体现出高等职业院校评价的科学性、公正性、合理性,指标体系起着关键作用,"引导全国高等学校分类发展,有许多工作要做,建立科学合理的评估指标体系是其中比较现实可行的方法。在高等教育评估制度建设的进程中,从多维度出发,用不同的指标来评估不同的高等学校,是具有现实意义的。承认学校之间有不同的分工、定位,鼓励各校办出自己的特色,从而使高等职业院校各安其位,开展公平竞争,有利于高等教育资源的优化配置和满足社会需求。区分层次和类型对学校进行评估,加强对学校规划的指导,建立对特色学校的奖励机制等。为了使高等教育的评估更加科学,评估方案更加合理,分类和分层次建立和完善学校教育质量和办学水平的评估制度,教育部应建立以分类指导为特征的评估指标体系,促进高等教育办学水平和办学效益的提高,是我国高等教育改革的必然选择。

我们不妨在设计指标评估体系时,采用"平台模块"的指标体系,既有通用的"平台"指标内容,又可以让受评高等职业院校自己选择本校优势"模块"来进行评估,以此促进受评对象的积极性,从"要我展示"变为"我要展示"。

（二）教师教学质量指标体系的评价和改进

1. 教师教学质量评价指标体系

（1）构建教师教学质量评价指标体系

首先，设计指标体系时，应注意使各评价主体的评价对象与体系相应的目标层次对应。根据评价主体、评价对象、评价的目标和教学特点，我们所设计的指标体系分为三个层次。第一层为评价方位，共有四个方位，对应不同的评价主体；第二层为评价分项，覆盖教学工作面；第三层次设有若干个评价要素，这是实测实评的具体指标。不同的评价主体针对评价对象有不同的评价要素，如对教师自评和专家评价就有执行大纲和教学文件的要求，而学生评教就没有这个内容；教学工作量就只涉及到教师个人和单位的管理者。每个评价要素有明确的内涵及对应内涵的评价标准。这一评价标准是教育的整体目标在这一具体教育内容或环节上的体现。

其次，确定指标的评价标准是建立评价指标体系中最复杂、最困难的工作，而制定出符合现阶段教育实际的、客观的、科学的评价标准，又是整个评价方案成败的关键所在。我们结合教学实践，并根据教学目标，确定了定性、定量的评价标准和测量办法，并尽量做到量化，即使定性评价，也提出了测量办法，尽量做到了可测。如使用教材、语言、答疑、教学纪律等评价要素，都规定了定性的测量办法。教师教学绩效评价的内容设计包括教学态度、教学工作量、教学能力（包括教学技能、教学方法，教学方案设计、实践教学设计）、教学效果和教学研究，同时包括教师教学绩效评价的外界影响因素，如教师自身素质、创新能力、教学条件、学生环境和社会评价（实践教学绩效在社会上的影响）。

再者，确定权重是设计指标体系的又一大难点，因此可以采用两两对比法，对所有指标分别进行两两对比，比较其重要程度，并根据客观实际和操作的可能性，确定了各指标要素的权重，如在学生评教的各个指标中，教学态度是提高教学质量的前提，学生也容易对教学态度作出评价，在教学过程中，教学内容、教学方法和讲述情况是教学质量的核心，对这类指标应赋予较大的权重。另一类指标如介绍本课程前沿情况、教材编写、有效利用教学媒体等，这些指标可能要受一些情况和条件的限制，学生难以把握，所以在学生评教中权重较低一些。在各个主体的评价中，专家的评价是最重要的，应赋予最高的权重。

最后，建立评价指标体系是评价工作的第一步，也是最基本、最关键的一步。根据指标体系，可以组织学生、专家、管理者进行多方位或单方位的评价。由于多方面的原因，全面开展全方位的评价存在许多困难。目前，除了学生评教和教师自评可以作为每学期进行的常规性的工作，专家评价、管理者评价难以在每学期对所有的教师和所有的课程进行。在实践中，我们在某些专项评价（如开展评优、评级等）中，已对某一指定评价对象开展了全方位的综合评价。该指标体系得出的评价结果，基本能反映出教学实际和现状，为管理部门提供了有用的信息。

（2）教学质量绩效评价技术

常用的绩效评价技术有分级法、考核清单法、量表考核法、行为锚定法、关键事件法和评语法。

分级法是排出全体被考评教师的绩效优劣顺序。但不太适用于教学质量评价，因为太麻烦，而且难以达到公平。而加权考核清单法不够具体，也不太适合用。量表考核法先由教师依据工作计划、KPI 制定出本岗位的考核量表，然后再与管理者进行沟通和确认，最后由管理者对考核量表进行调整。这种方式的最大好处在于能充分调动教师的积极性和参与感，但考核起来比较麻烦。而关键事件法可以作为绩效评价的一种有效的补充，能够将学院教学质量和教师教学质量结合起来，但不太适合单独用。同样，行为锚定法和关键事件法的结合也只提到关键事件，对平时的绩效不够具体，不太适合用。

2. 教学质量评价指标体系的改进

随着 360 度考核在教师评价中的应用，这种考核模式将被越来越多的教职员工所认识和接受，并在提高学校的人力资源管理水平方面起到重要的作用。360 度考核的成功取决于人的因素——人与人之间的沟通。要通过反馈沟通，发挥考核的导向牵引作用，引导教职员工不断改进工作、完善发展自我，增强团队凝聚力。

(1)对不同的评价主体确定不同的绩效评价表格

学生评价使用的绩效评价表格。表格中主要有教师工作态度、业务能力、控制能力、决策能力、组织能力、教学效果等，主要的观测点是教师的师德、对学生的热爱、对知识的把握、教育能力、课堂控制把握能力、教学进度的控制能力、遇突发事件的应变能力、对学生学习兴趣的培养、作业的布置与批改情况、对学生的辅导情况、学生的考试情况。学生评价是整个教学评价体系的重要组成部分，他们是教师教学的直接感受者，对教师的教学状况和效果有着最全面的接触和了解，能基本反映学生的基本需求和教师的教学情况，所以各级教学管理部门比较推崇学生评价。目前，较多的学校采取学生评价教师的一般方法，即在某一时间(一般是学期结束前的数周内)，学校教学管理部门制作教学质量评价指标的调查表，往往在整个班级的范围内，对任课教师的教学质量进行评价。通常统计出每个单项指标的全班平均值，作为教学质量的单项分值。有的学校根据给定的权重、求出各单项的加权平均值，作为教师教学质量的评估值。这种评价方法的效果和所设计的评价表的项目有很大的关联性，通常这种调查表能达到评价教师的教学质量高低的目的。但往往处于指标设计上的缺陷，在如何利用评价信息指导教师改进教学方面显得不足。

同事评价使用的绩效评价表格，表格中主要指标有教师职业态度、业务能力、教学水平、教育水平、科研水平等，主要的观测点是教师团结协作精神、人际交流能力、自我学习能力、业务水平、业务影响、教学能力、课堂驾驭、班级管理、承担课题和科研成果。同行教师是本专业、本课程的内行，对专业和课程有较深刻的了解，他们能够以自身的教学经验及对本学科知识的难易程度，对被评教师的教学方法和手段的运用情况、教学态度、教授内容的科学性与先进性等方面进行理性分析。同行之间开展教学质量评价，有利于教师之间的相互学习，有利于促进建设良好的教风等，因此有利于提高教学质量。

上级评价者使用的绩效评价表格。表格中主要指标有教师工作态度、业务能力、教学质量、工作目标完成情况等，主要的观测点是教师的业务知识、计划能力、业务技能、教学能力、应变能力、创新能力和目标完成情况。上级评价者对教师教学质量的评价往往主要侧重于良好课堂秩序、教学内容和组织与教学方法的优劣。学校各级管理者，特别是教学管理部门参与对教师教学质量的评价，有利于了解教学第一线的真实情况。这种评价对于发现优秀教师从而树立先进榜样、发现问题教师从而纠正教学过程中的不足，具有积极意义。对于教师提高备课和讲课质量则有直接的促进作用。

教师本人自我评价使用的绩效评价表格。表格中主要指标有职业规划、工作任务完成情况、工作成果表现。主要的观测点是教师的职业发展方向、学历(学位)提高情况、参加业务学习情况、工作量完成情况、教学常规完成情况、学习指导情况、教学活动情况、课题完成情况、科研成果情况。教师自评是教学评价的基础，把授课人排斥在外是不科学的。而在我国的多数学校，一般没有考虑教师自评，仅仅进行学生评价、管理者评价、同行评价，而教师自评则能够使教师发现自身在教学环节中的优缺点、总结经验，引导教师积极主动对待教学工作，这通常有利于提高教师后续的教学质量。虽然教师自评带有一定的主观、感情因素，可能造成评价结果的偏差，但是在教学过程中，教师可以自觉地将教学活动本身作为意识对象，不断地对其进行积极主动地检查、评价、反馈、控制和调节，从而达到改进教学的目的。

校外专家评价使用的绩效评价表格。表格中主要指标有教师课堂教学技能、教学质量、教学常规资料完成情况等。主要观测点是教师备课设计、课堂的讲解技能、板书技能、与学生的互动情况、学生的反应、教学资源的利用情况、教学资料的质量。

(2)对不同的评价主体确定不同的指标权重

确定不同的指标权重，主要表现在三个方面：一是同一评价指标应用于不同类型评价主体的评价表格中所占权重不同。由于不同评价主体的评价侧重点不同，他们对于指标的把握度也不同。二是根据不同评价对象所处角度的不同，确定不同类型评价表格在总评价体系所占权重不同。可以根据学校实际情况和发展方向适当调整各种类型评价表格的权重，以利于学校绩效目的的实现。如果学校处于急速发展期可适当提高上级领导的评价权重，以利于提高教师对目标完成的重视度；学校处于稳定发展期可适当提高学生和校外专家的评价权重，以利于提高教师对常规教学的重视度。三是对不同类型和专业方向的不同，对他们进行评价的时候指标权重也应进行相应的改变。对于课堂教学为主的教师，可以提高教学方面的权重；对于以实践教学为主的教师，可以提高业务能力方面的权重；对于以科研为主的教师，可以提高科研成果方面的权重。

(3)明确绩效评价标准并对评价主体进行严格的培训

为保证绩效评价的可靠性，使评价达到预期的目的需要对评价过程严格把关，给出明确的操作性定义，并对绩效评价指标给予明确阐述，培训并引导所有的评价主体按照相同标准进行评价。这对于防止评价过程和标准流于形式，具有重要作用。另外，在评价过程中还需要建立监控和反馈体系，不仅是人事部门介入管理，还需要各个部门的协同并进行及时沟通，从而建立一个科学的评价组织体系。

(4)构建网络化、信息化的绩效评价环境

构建网络化、信息化的绩效评价环境可以缩短绩效评价时间,将整体评价体系更趋于规范化和模块化。同时各评价主体通过网络进行评价,降低了由于操作过程中现场组织的临场发挥造成"一边倒"现象,增加评价的客观性。通过网上评价,还可以有效减少统计的工作量、避免由于统计错误影响评价结果的现象。

3.总结

教育教学不断发展,教学评价也应在发展中不断改进和完善。因此,对已构建好的评价指标体系在使用一段时间后,应根据形势的发展和要求作适当的修订,以提高教学评价和教学目标的一致性,提高教学评价的有效性。要提高教学评价的质量,达到评价的目的,还需在组织方式、评价人数、时间选择、环境影响和处理手段等方面作进一步的探索。

第二节　高等职业教育评估的对策

一、转变政府职能,加强宏观调控

我国高等教育评估工作一直以来被视为一项行政工作来进行的,属于典型的"行政性评估"。这主要体现在政府控制着高等教育资源分配权和高等教育质量标准。行政性评估虽然对教育政策具有推动力,但存在不少弊端。市场经济的政治逻辑是"有限"政府,不是"万能政府"。"有限政府"强调,政府是掌舵人而不是划桨人。政府应该"通过少而精的政策杠杆保持全面的策略性控制权限。"政府应该从没完没了的琐碎小事所淹没的黑暗平原上撤退,进而在明朗、可策略性总揽全局的制高点上避难。政府要正确定位自己在高等教育评估中的角色,把握好宏观调控和尊重高等职业院校自身办学自主权的关系。

在有限政府理念的指导下,政府的明智选择是在高等教育评估中转变职能。对此,我们主要从以下三个方面来理解。

第一个转变:转变行政干预为政府调控。政府主要监管的是市场秩序,建立一套完善的游戏规则,而不是监管市场主体,事事亲力而为。政府应通过宏观调控,下放权力,用间接控制的方式来对待高等教育评估。这样既减轻了政府部门人员的工作负担,也使其具有清醒的头脑来控制大局,而不是陷入琐事的深渊中。政府通过高等教育立法、财政拨款、文件批示、对评估结果的利用等方式保留了自己对评估的宏观调控管理能力,对评估活动施加影响。这样的方式有利于高等教育评估的公正性和透明度,体现了政府对高等教育较为温和的控制。政府利用宏观调控的杠杆,促进高等教育评估走向制度化、法制化、规范化。

第二个转变:转变单一的评估主体,丰富高等教育评估主体。政府关系到整个社会系统的顺利运行和全部社会资源的分配,稳定的政治生活是经济、教育协调发展的前提。政府作为高等教育评估的主体地位是无可撼动的,仍然发挥着它的重要作用。随着我国社会主义市场经济体制的建立和完善,市场主体的多元化直接导致了高等教育投资多元化和利益主体多元化。在这样的背景下，单一的政府评估已经难以满足多元主体的价值需求，各种利益主体参与高等职业院校投入产出的评估是市场主体对投资回报利益诉求的理性体现。广泛的利益主体的需要使得利益主体应共同参与管理，以和谐共处与利益均衡、权力适当。因此，政府应当适当下放权力，给予高等职业院校、教育评估中介机构、民间团体组织、广大师生、大众媒介一定的参与的机会和权利，并加以法律保障，给予他们参与的权利和具体实施规则。政府与多方参与的评估能使得政府达到间接管理的目标，也使得高教评估更具有公信力和透明度。

第三个转变：控制性政府向服务型政府转变。建立在法律基础上的政府行政权力具有强制性，学校的自主权很有限。可以说，"政府试图控制高等教育系统的动力的一切方面，即入学机会、课程学位要求、考试制度、教学人员的聘任和报酬等"。在高等教育管理中，政府总是制定出各种规则来管制高等职业院校，在管理方式上也习惯于发布命令。体现在高等教育评估中，政府与高等职业院校之间就是命令与服从、控制与被控制的关系，而没有服务高等职业院校的意识。政府的控制性职能如果不加以转变，就很难调动高等职业院校的积极性。大多数高等职业院校对教育评估工作存在着防卫心理，一方面期望评估带来的服务提升，另一方面也因评估带来华而不实的结果，而排斥、厌恶评估的到来。在迎合上级检查时只能疲于应付，不仅浪费了大量的资金、时间和精力，也达不到应有的结果，还影响了政府评估的声誉。

二、加快高等教育评估法制化进程

高等教育评估法制化是指通过立法形式，对评估的主体、内容、方式、程序、结果运用等进行法律规范，使高等教育评估工作有法可依，依法进行。作为高等教育发展的一个重要组成部分的高教评估，兼有对高等职业院校的质量管理、监督和反馈的职责，必须要有一定的制度保证和法律依据作为保障，加快高等教育评估法律法规建设，完善相关的法律规范。因为评估从本质上讲是一种价值判断活动，它本身带有强烈的主观因素，如果目的不明确，依据不充分，那么评估活动必然走向主观臆断。事实上任何高等教育评估项目都是在一定的目的支配下，一定的法律依据基础上进行的。国家政府和社会中介评估皆是如此。因此确立高教评估的法律性权威，从政策体系的角度审视，就需要提升立法政策的权威性，依法确定评估人员的性质、任务、职权以及任职资格。通过立法，为高等教育评估政策体系走向法制化奠定基础、创造有利条件。高等教育评估法制化的前提条件是迅速出台和颁布一些能规范高等职业院校评估的基本政策法规，并注重政策配套，优化高等教育评估体系，提高评估政策的质量，保证评估工作有法可依，有章可循。

三、不断改进高等教育评估方法和评估技术

首先要加强高等教育评估理论基础研究。为了使评估工作能够健康持续地发展，必须要有科学的理论指导，才能更好指导评估实践。由于我国高等教育评估起步晚，虽然在高教

评估理论研究方面取得了一些成果，但还没有真正形成中国特色社会主义的高等教育评估体系。高等教育评估理论与实践涉及教育学、管理学、经济学、社会学、计算机科学、系统科学、心理学等多种学科，是一项专业性很强的工作。我国应继续加强评估理论和技术方面的研究，使其顺应社会主义高等教育发展的需要，推动中国高等教育的提升。

高等教育评估理论的研究应该致力于以下五个方面：一是针对我国高等教育评估理论人员不足、水平不高的情况，开展培训、研讨会、讲习等活动，扩大理论研究队伍，更快地提高评估理论的研究水平；二是从相关学科的多种视角研究高等教育评估的属性功能和过程效果，探索高等教育评估的基本原理和规律；三是建立科学合理符合我国现在国情的分类评估体系和质量标准，不断完善评估指标体系，加强分类指导；四是在分析政府、高等职业院校、社会和学生群体相互关系的基础上，探索社会主义市场经济条件下的政府宏观调控、高等职业院校自评过程和社会媒介功能的相互关系；五是在吸收先进的现代评估理论与技术的基础上，结合地域差异和城乡差异、企业和高等职业院校的要求，构建具有中国特色的高等教育评估理论基础。

其次要充分利用现代科学信息技术进行评估。教育评估最基本也是最繁琐的工作是信息的收集和分析。大型数据库、网络和通讯等现代信息技术的应用，使信息来源渠道越来越广泛，获得的信息量越来越多，而信息的分析却更加容易，使以往在评估中几乎无法做到的事成为可能。高等教育评估是建立在大量收集材料和信息的基础上的，教育评估的科学性和有效性与评估信息的搜集和整合有着密切的联系。评估资料准备得越充分，处理信息的技术越科学，得出的教育评估结果就越科学可信。加强现代化信息技术在高等教育评估中的作用，利用各种分析软件、统计软件如 SPSS 等，自动形成评估报告，这种方法方便快捷，能够节约大量的时间和精力。现代化信息技术的充分使用体现了评估机构对学校的动态监控、扩大了社会多方评估的参与程度、缩短了专家评估的时间，同时使信息的分析、文件资料的保存变得简单易行。高等教育评估的信息化，有利于建立高等教育评估信息化管理系统，从最初的评估信息统计到分析、处理、汇总、发布再到复评，整个过程都呈现透明化，是行之有效的现代化评估方法与技术。

最后要将定性评估和定量评估相结合。我国在建立评估指标体系时，采用的是建立指标权重系数以及加权求和的方法。这样来量化的标准是一个客观、系统、规范的数量分析方法，得出的结果较为直观，有着较高的可信度。但是影响高等教育质量的因素多种多样，它们并不能完全量化，过于简单化的和表面化的量化标准无法对评估内容做深层次的分析，如高等职业生的创业精神、教师的敬业精神、高等职业院校的办学特色、办学目的等都不能用简单的一级指标或者二级指标来量化评估。为此，在评估方法的使用和评估指标的制定上，能量化的指标力求量化，不能量化的指标用概括性问题代替。定性评估可以对评估对象进行深入、全面的分析，从多种视角考察评估质量。将定性评估和定量评估二者有机结合起来，既能发挥定性方法全面、深入的优势，也能发挥定量方法系统、客观、科学的优势，从而达到综合完整地评估高等教育质量的目的。

四、积极培育独立的中介评估机构

世界各国的先进评估经验无不表明，在高等教育评估中越来越重视教育评估中介机构在评估中的作用，无不趋向于利用法律法规手段，对中介机构的组成及其活动细则加以规定、监控和调节，把具体的操作过程交给独立性质的中介机构来完成，使得评估结果更加具有客观性和科学性。独立的中介机构，可以是官方机构，也可能是民间机构，甚至还可能是高等职业院校自己的机构，但他们应相对独立的开展活动，而不是现行体制的附属物品。作为独立的第三方处于政府和学校之间的缓冲部分，能够将双方发生冲突的可能性降到最低，从而使整个评估系统保持良好运转。

政府应该引导与扶持、管理与监督并重，为高等教育评估中介机构提供良好的发展空间，使其在促进我国高等教育健康发展方面发挥积极的作用。

首先，改变观念，充分认识到中介机构在高等教育评估中的重要作用。高等教育评估机构作为一个新生事物，政府、高等职业院校、社会各界力量应改变传统的惯性，以包容和积极采纳的态度来接受它。认识到中介评估机构是职能专一、具有专业化素养的团队和组织体系，他们在政府扶持下专门从事高等教育评估能够有效提高高等教育质量。所以，政府应逐渐放权给中介机构，并大力培养中介机构为高教评估服务的能力。我国政府通过出台各项政策法规保护评估中介机构的权益，以提升中介机构的法律地位，这一做法无疑为高等教育改革提供了法律保障，同时，高等职业院校方面也应该充分认识到中介机构是学校质量的促进者和监督者，所以要主动配合中介评估机构的工作，以促进自身办学质量的提高和改进。社会各界与政府和高等职业院校的联系逐渐增多，越来越涉及一些项目需要中介机构来完成，因此，社会也应关注总结机构的发展和未来走向。

其次，通过立法确认评估中介性机构的权威性和独立性是评估的根本保证和基本条件。法制社会要求人们的任何行为都要符合法律法规的规定，中介性高等教育评估机构也不例外。经过法律确定后，权利界限比较明确，评估工作能够顺利进行，出现问题，有法律保障和法律问责，扭转了过去只把中介机构当作政府附属单位来管理的传统模式，真正的将中介评估纳入法制化轨道上来。“通过立法确认评估中介组织的权威性与独立性，是高等教育评估活动健康发展的根本保证，是高等教育评估及其结果得到广泛认可的基本条件，也是高等教育与国际接轨的先决条件。”通过立法来具体规定高等教育评估中介机构的法人地位、机构性质、作用地位、行为规范、活动范围和领域、评估人员的职责权限，能够有效地提升中介机构的法律地位、评估工作的顺利运行和评估人员的道德约束。

同时，评估机构内部要建立专业化的评估队伍，提升评估专家和行政人员的整体素质。评估工作是一项专业性、系统性很强的工作，需要具有较高专业水平和职业素养的评估专业人才来完成，因此在评估中评估者的基本业务素质和职业操守至关重要。为此，我国很多行业都实行了资格认证制度，如注册会计师、工程造价师、律师、教师等都持证上岗。但对教育价值做出评估的人员却没有资格认证制度。专家组成员都是政府官员或者机构领导，人人都是专家，这种做法无疑混淆了专家的概念。政府部门应对从事评估的人员实行严格的行业准入制度，“通过制定科学合理的考核标准和程序，实行定期审查制度，对从业人员的培训应贯穿在整个高等教育中介组织的实践活动过程中。”

五、将评估结果与财政拨款挂钩

将评估结果与财政拨款挂钩是现实的需要，是时代的要求。高等教育是公益性的，但是这并不代表高等教育就不用考虑投资收益的问题。高等教育是一项需要高投入的事业，高等职业院校的生存和发展必须依靠外部的资源投入，必须要有充足的经费。基于成本分担理论的高等教育成本补偿机制，强调高等学校经费来源多元化，在政府、企业单位和个人这三类投资中，政府拨款是教育投资的主要来源。高等教育评估是一个协助高等职业院校持续提高质量目标的过程，在这个过程中不仅要注重对高等教育的投入管理，更要注重产出结果和高等职业院校的改进水平，使得评估成为一个可持续发展的途径，为高等职业院校的长期发展和国家高等教育事业的发展打下坚实的基础。从世界范围看，各国政府也是通过对高等教育的投资介入到高等教育的绩效管理。各国普遍采用公式法，常常通过合同或者绩效评估进行资金分配。我国高等教育要加强多元化投入，更要发挥政府拨款的主渠道作用，加强对财政拨款的绩效管理。国际上主要有以下几种拨款方式：零基预算拨款法、公式拨款法、计划程序拨款法、增量拨款法、绩效拨款法、综合定额加专项拨款。我国对高等教育的经费投入实行的都是“综合定额加专项拨款”的模式，这种模式根据的是“生均成本指标”。“综合定额”是根据管理学原理中定员定额的原理制定的，用政策参数，即在校生数乘以生均拨款额得出，“专项补助”是由财政部和教育部考虑到学校的特殊需要专门安排给高等职业院校使用的专项经费。在这种拨款模式下，我国的高等教育基本上是财政拨款与学校办学绩效相脱钩。拨款只根据学生参数，而不考虑学校的办学绩效和投入产出比例，这样的拨款模式不能反映各个高等职业院校的实际教育教学水平和教育经费使用的效率，使得高等职业院校为了获得更多的财政拨款而盲目扩招，而不是努力提高自己的教学质量和办学水平。

我国高等教育是以政府为主、多渠道筹资的投资方式和由公办高等学校公共生产的提供方式。三种经费来源渠道（财政拨款、学生学费、各种经营的计划外收益）中，国家财政拨款是主要的经费来源。完善高等教育拨款制度成为改善高等教育投资机制的重要措施之一。为了进一步提高拨款的使用效益，我国的高等教育评估事业应当按照“目标明确、分类考核、先易后难、稳步实施”的政策导向、建立和公共财政相适应的科学的高等教育评估体系，引入以绩效评估为导向的公共资源配置方式。

第三节　高等职业教育评估的发展

一、高等职业院校自评

学校自行组织的评估也称为学校内部的自我评估。例如，高等职业院校根据教育部教

学工作评估指标体系对自己教学工作进行的评估。自我评估有许多优点:第一,评估面向本校实际,方式灵活,针对性强,便于全面收集信息,形成准确的判断,被评估者熟悉自己的情况,他们提供的材料可为评估者提供充分又必要的信息和材料,当然,这需要受评者在评估过程中能客观且实事求是地反映自己的情况,不能报喜不报忧。自我评估促进受评者主动去发现问题,纠正问题,有利于推进学校的变革。第二,受评者在进行自我评估的过程中,如发现自己实际情况离达标还很远,可暂时不参加或延缓参加评估活动,有利于大大减轻评估者的工作量。第三,自我评估的结果既可作为校内教学工作自我改善、自我提高的重要依据,也可作为由校外组织并涉及本校的各种教学评估的基础。

随着我国高等教育体制改革的不断深入,开展高等学校内部的自我评估具有十分重要的现实意义。它既是在新形势下学校的自我管理、自我约束、自我监督、自我发展的一种有效机制,又是高等学校自觉接受来自政府和社会的监督,主动向国家的要求靠拢,为了搞好这种评估,高等学校要建立与社会用人部门的经常性联系,掌握社会对培养人才的需求情况,搜集毕业生的反馈信息,作为校内自我评估的重要依据。

马克思主义哲学告诉我们内因是事物发展变化的根本原因,外因只有通过内因才能发挥作用。就高等教育质量的提高而言,高等职业院校自身是内因,外部质量评估只是外因。影响教育质量的因素复杂,仅靠外界的监督和控制难以保证高等教育的质量,一个持久的质量应当是学校全体教职工及学生共同努力的结果。强调改进、自律的功能,使评估不仅成为政府部门实现管理的手段,而且也成为高等职业院校自我发展、自我完善的重要举措。

(一)高等职业院校要强化主体意识,加强内部质量控制

在政府高度集权管理体制下,高等职业院校在教育质量保证中的地位和作用没有得到应有的重视。随着高等教育大众化的到来,高等职业院校的主体地位将随着高等职业院校教育管理体制改革的不断深化而变得越来越突出,高等职业院校在质量保证中的作用也变得越来越重要。如今,政府进一步扩大了高等职业院校“面向社会自主办学”权力,高等职业院校必须树立全面科学的发展观,认识到质量是高等教育的生命线,在规模扩大的同时,必须把不断提高质量放在突出位置。在机制建立上,在学校内部建立起质量控制的自我保证体系。在制定学校发展规划的同时,要制定出质量方针和各项工作质量标准,建立并完善质量决策系统、组织指挥系统、管理制度系统、信息反馈系统和教学评价系统,加强对教学过程的评估与监控,形成内部质量保证体系。

我们要建立高等学校内部的质量评估,让高等职业院校成为自我调节、自我完善的组织,把教育质量变成教育者的自觉行动,也就是说,政府、社会、市场等外部力量只有转化为高等职业院校自身对教育质量的追求,才能够发挥出它们对高等教育质量改进和提高的实际作用。

评估的作用就是这样,外部评估只是一种压力和动力,只有高等职业院校自身以质量为追求目标,通过内部的自我评估,一方面激励教职工致力于质量改进和提高,另一方面及时发现问题,加以纠正解决,改进和提高教育质量的目的才能够真正得以实现。因此,我国在

不断完善外部评估体系的同时，更应该致力于院校内部评估体系的建设，要切实做到内外部评估体系相互配合、相互补充，并坚持“内为基础、以外促内”的根本原则。

（二）做好校内自评工作，切实推进高等职业院校自我评估体系建设

在大众化阶段，高等职业院校自我评估是进行动态质量管理的首要条件，也是实现教育全面质量管理的重要保证。它可以作为教育质量的监控器，推进高等教育质量、办学水平的提升。高等职业院校及其子系统应该成为一种“学习型组织”，富有生机活力，充满发展势头。

高等职业院校内部的评估主要是两种一种是为迎接外部评估而进行的内部评估活动，另一种是高等职业院校为改进和提高教育教学质量而自主开展的评估活动，对于高等职业院校教育质量的改进和提高，最为关键的是后一种，有专家称这种评估为校本评估。

高等教育评估体系中不仅外部评估要以高等职业院校自我评估为基础，更重要的是高等职业院校充分认识到自身在质量改进和提高中的基础性和根本性作用，往往自主组织实施一些评估活动，这些评估活动针对性强，成为高等职业院校教育教学工作改进的基础，如高等职业院校内部开展的教师与课程评估、计划评审、在校生和毕业生调查、附加值评估等。

我国高等职业院校内部评估发展迅速，许多高等职业院校都成立了专门评估机构，开展了大量的评估活动，其中也不乏高等职业院校基于对质量改进的自觉意识而开展的自主评估活动。但由于我国外部评估体系本身还不够科学，对高等职业院校开展致力于质量改进和提高的内部评估活动的积极促进作用还很有限，甚至由于一些高等职业院校仅仅为评估而评估，流于形式主义，扰乱了正常的教育教学活动，对教育教学质量的提高反而起到了消极影响。我国高等职业院校内部质量评估情况总体上并不乐观，特别是高等职业院校基于改进和提高质量的理念而自主开展的评估活动更显不足。

高等职业院校教育质量的内部保障体系最重要的技术特征是校本评估手段的结构化、经常化、制度化运用。在高等职业院校的教育质量活动中，通过校本评估，首先为组织及其成员提高教育教学质量提供动力；其次为其努力提供稳定的、制度化的支持；最后，使其获得有关人才培养活动的各种信息，通过对这些信息的分析解释和有效利用，改进学校各种专业活动的效果，从整体上提高教与学的质量。

校本评估是保证办学自主权，形成核心竞争力的重要手段。随着政府职能转变与权力的下放，高等职业院校被赋予了更多的办学自主权和自我管理的权力，这为开展校本评估提供了必要条件。当高等职业院校拥有了自我管理权力后，必然会关心质量、效益等涉及自身利益的问题，就会采取各种措施去加强各方面的管理。而校本评估是改善内部管理的有力手段，这种评估在分析学校现状和主要优势、劣势的基础上，重在发现和发掘学校的发展潜力，选准学校的最佳发展区和生长点，发扬学校的优势，弥补不足，逐步形成学校特色，培育自己的核心竞争力。

二、专家评估

教育行政部门组织的评估也称政府评估，它是指政府教育行政部门依据国家规定的高

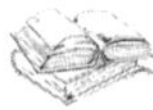

等职业院校人才培养目标，对高等职业院校教学工作进行的评估。教育行政部门组织评估的主要目的是加强政府对高等学校教学工作的管理、调控和监督，保证高等学校教学工作沿着正确的方向前进，并不断提高办学水平和教育质量。这是一种由政府主导并实施的教学评估；评估中的衡量因素和评估内容、方法等完全由政府教育行政部门根据国家对高等学校教学工作的要求确定；评估注重学校教育的宏观层面，要求严格，客观性强；评估的结果可作为教育行政部门对高等学校教育工作进行宏观调控和分类指导的依据。教育行政部门组织开展对高等学校教学工作的评估，是国家对高等学校教学工作实行监督的一种重要实现。为了有领导、有计划地开展高等学校教学工作，教育行政部门应建立健全教学评估的组织和制度，并确定具体机构负责高等学校教学评估的日常工作。

选优评估是在普通高等学校中进行的评比选拔活动，其目的是在办学水平评估的基础上，选择优秀，择优支持，促进竞争，提高水平，选优评估分省(部门)、国家两级，根据选优评估结果排出名次或确定优选对象名单，予以公布，对成绩卓著的给予表彰、奖励。同时学校也进行学校内部评估，即学校内部自行组织实施的自我评估，是加强学校管理的重要手段，也是各级人民政府及其教育行政部门组织的普通高等学校教育评估工作的基础，其目的是通过自我评估，不断提高办学水平和教育质量，主动适应社会主义建设需要。

随着高教体制改革的深化，大批高等职业院校合并以及单一院校综合化趋势增强，继合格评估、优秀评估之后开展的随机性水平评估，以及后来进行的教学工作水平评估方案，继承前面几个评估方案的长处，将评估等级分为优秀、良好、合格、不合格，但不分科类设计评估方案并开展评估工作。

高等教育评估是一种专业性很强的技术活动，参与评估的专家是评估的关键，可以从以下几个方面加强评估专家队伍建设。

第一，重视专家优选工作，采用滚动式的专家库。此专家库应尽可能吸纳国内外一流学科专家和评估专家。此专家队伍有相当数量成员来自非教育系统的专家、学者、社会用人单位代表，这些代表应当有较深的学术造诣，掌握教育评估的专业理论和方法，并且有相当的理论与政策水平。同时，采用滚动式管理专家库，确保任何类型的评估都可以有专业对口的一流专家参与。

第二，重视专家培训工作。高等教育评估是一项非常专业的工作，要定期培训高教评估人员，以便及时了解教育法规政策、国内外最新的评估理论和方法、技术。

1. 评估的范围

评估的范围是以课堂教学为核心的教学活动。之所以将课堂教学作为评估的核心，是因为我国高等职业院校目前仍以课堂教学为主要方式。课堂教学是教师传授知识的重要阵地，是学生提高知识素养的主要渠道。

2. 评估的对象

评估的对象是承担主讲任务的教师。评估的目的不是单纯地“评差”或“评优”，而是全面提高教学质量。因此，其对象是全体教师，对在学校担任教学任务的教师，不分专业与课程性质，不管职称与学历高低，也不分在职还是返聘与外聘，均纳入评估的范围。

3.评估指标体系的多元化

学校、专业和课程设置的多样化，决定了评估指标体系的多元化。如果不顾及学科、专业、课程等特点，用同一个指标体系进行评估，是不合理的，也不会收到良好的效果。要适应学科门类的多样性和各学科的个性，指标体系必须从一元到多元，因而分别设计制定了文科、理科、外语和实验课的评估指标体系。

第四章 高等职业教育的师资队伍建设发展

第一节 高等职业教育师资队伍建设的作用

教师既是科学文化知识的传播者,又是学生思想道德的引导者,是人类灵魂的工程师。建设一支师德高尚、教育观念新、改革意识强、具有较高教学水平和较强实践能力、专兼结合的高等职业高专教师队伍,是高等职业教育的一项重要工作。

一、快速发展的高等职业教育要求一支高素质的师资队伍作保证

教师是学校教学建设与改革的主力军。随着高等职业教育的深入发展,高等职业院校近年来进行了一系列的教育教学改革。在专业建设上,本着提高质量、办出特色的原则,高等职业院校进行了不懈的探索,形成了一大批独具高等职业特色的、有较高社会影响的专业。

在课程体系建设和人才培养模式上,高等职业教育按照突出应用性、实践性的原则,基本搞好了三个部分课程的开发:一是基本素质,包括思想道德素质、人文与自然科学知识素质、身心素质;二是技术应用能力,包括职业岗位群近期和长期所需的理论知识、实践技术和专门技能;三是应变能力,包括对学生自我获取知识能力、创新能力、学会生存和与人共处能力的培养。即为完成培养高等技术应用性专门人才的根本任务,高等职业教育以适应社会需求为目标、以培养技术应用能力为主线设计学生的知识、能力、素质结构和培养方案,毕业生应具有基础理论知识适度、技术应用能力强、知识面较宽等特点;以"应用"为主旨和特征构建课程体系和教学内容体系。专业教学内容主要是成熟的新技术和现行管理规范,教学计划、课程设置不是按学科要求来安排,而是针对地区、行业经济和社会发展的需要,按适应职业岗位群的实际职业能力要求来确定。总体课程设置注重突出基础理论知识的应用和实践能力的培养,在基础理论教学上提出以应用为目的,以"必需、够用"为度,以讲清概念、强化应用为教学重点;专业课教学则加强针对性和实用性。同时,应使学生具有一定的可持续发展能力。这一切充分体现了高等职业教育的特性。

在实践教学上,注重学生实践能力的培养。大多数高等职业院校都针对教学需要设立了校内实验室和实习、实训基地,并充分利用社会资源,建立了稳定的校外实习、实训基地,基本形成了与培养生产、建设、管理、服务第一线的高素质技术应用能力的人才相一致的实训、实践环境,使学生直接接触生产实践,有利于他们熟悉现代化的生产工艺,掌握先进的技术和设备,提高了学生的基础技能。此外,大多数学校都把校企合作办学,实行产学研结合作为培养高素质技术应用能力人才的基本途径之一,通过校企合作,一方面使学生提前适应

了社会，了解了企业、行业，丰富了学生的技术应用能力，培养了学生的创新能力；另一方面也增进了学校与企业的关系，推进企业与学校合作办教育，提升了企业在产学研合作教育中的地位和作用。

在高等职业教育的发展历程中，我国高等职业教育教学工作确实取得了很大的成绩，但在一定程度上仍然存在诸如高职特色不鲜明、教学基本建设薄弱、课程和教学体系亟待改革、教材不配套等诸 多问题，严重制约了高等职业教育的发展。高等职业教育教学工作成绩的取得离不开教师的参与和贡献，改革高职教学工作仍然需要教师的主动参与和无私奉献。因此，师资队伍建设也是学校教育教学改革的重要保障。

二、产学研结合的必由之路需要专兼结合的“双师型”教师队伍

所谓高等职业高专产学研结合人才培养，即以培养学生的实际工作能力为目标，通过学校与社会用人部门结合、师生与实际劳动者结合、理论与实践结合，形成适应职业岗位群或技术领域需要的知识、能力、素质结构和一定的可持续学习能力，适应社会对高等技术应用性人才的需要。教育部高度重视产学研结合人才培养工作，不仅在各类相关文件中多次提出推进产学研结合人才培养工作的要求，产学研结合人才是高等职业教育的“必由之路”，大大提高了对产学研结合人才培养工作的认识。与之相配套的是，在一系列评估和改革项目中，没有产学研结合人才培养工作就会被一票否决，由此更突出强调了这项工作的重要性。从高等职业院校自身的办学看，当前以就业为导向的高等职业教育特别需要走产学研结合人才培养之路。产学研结合人才培养工作成功的关键在于教师。对于校本教师而言，提高其“双师型”素质至关重要。一方面，具有“双师型”素质的教师是教学环节实现产学研结合人才培养的关键，这一点自不在言，另一方面，具有“双师型”素质的教师还是实现学校智力支持企业，为企业提供技术合作的关键“砝码”，没有这一点，很难长久调动业界参与产学研结合人才培养工作的积极性，因此建设“双师型”师资队伍十分重要。当然，“双师型”师资队伍也不仅是校本教师的事，建立合理的兼职教师队伍也可以从整体上实现师资队伍的“双师化”。

三、“教书育人”的学校宗旨需要教师的投入与奉献

高等职业院校和其他类型院校一样，对学生的思想教育也是人才培养的重要环节。思想教育工作绝不仅仅是思想教育工作者的事，而应当渗透在学校教学工作的每个环节，体现在教书育人、管理育人、服务育人的各个方面。特别是教师，是教书育人的主角，通过他们的工作，可以为人师表，以他们精益求精的敬业精神、严谨务实的工作作风、乐观向上的生活态度，以及对党对社会主义的深厚情感和道德文明的行为举止影响学生，以身立教。通过教师对学生高度负责的精神认真备课，教好书，向学生传授科学文化知识，提高学生智能。教师结合教学各个环节，对学生有针对性地进行学习目的、学习态度、学习方法的教育。根据教学内容选好思想教育的结合点，积极参与学生各类活动，在活动中与学生交朋友，关心并指导学生的全面发展。因此，加强师资队伍建设对于促进教书育人工作具有十分重要的意义。

四、有助于高等职业院校的和谐校园建设

高等职业院校和谐校园意味着校园内部各要素、各种关系主体之间，关系稳定协调有序，相互配合、相互促进、共同发展，从整体上实现一种高度的整合。和谐校园的构建是一个系统工程，在这个系统中，广大教师起着决定性的因素，是根本性的力量。只要高等职业教师做到"学为人师、行为人范"，把贯彻以人为本的科学发展观作为构建和谐校园建设的核心，校园才能真正和谐。加强高等职业师资队伍建设必将对和谐校园建设产生巨大的推动作用。

第二节　高等职业教育师资队伍建设的目标

各类高等职业(高专)院校要按照培养高素质实质性人才的要求，从适应社会主义市场经济发展需要的高度，充分认识全面提高师资队伍整体素质的重要性和迫切性，切实加大师资队伍建设工作的力度，力争经过努力，建设一支师德高尚、教育观念新、改革意识强、具有较高教学水平和较强实践能力、专兼结合的教师队伍。

一、建设一支师德高尚的教师队伍

教师是人类灵魂的工程师，应具有良好的道德水准和健康的价值观。高尚的师德源自两个方面：一是较高的思想政治素质。思想素质是一个人的政治态度、政治观点、思想观念、理论素养和道德品质等基本政治品质的总称。教师的思想政治素质集中体现在具有远大的理想，正确的世界观、人生观、价值观和爱岗敬业，团结协作，进行教育教学改革的积极性上。二是具有较高的职业道德素养。职业道德素养主要包括教师的事业心、职业责任感以及教师的工作态度和工作积极性等。教师的职业道德如何，不仅关系着学生道德水平的高低，也对整个社会道德建设有着重大影响。因此，加强教师职业道德教育是学校精神文明及整个社会精神文明建设的需要，是培养社会主义建设者和接班人的需要，也是加强教师队伍自身建设的需要。高等职业高专教师的职业道德素质要求主要体现在以下几个方面。

(一)热爱高等职业教育，树立敬业奉献的精神

高等职业高专教师必须充分认识到我国高等职业高专教育是科教兴国战略的组成部分，是把我国建设成为社会主义强国的重要手段。每一名高等职业高专教师都应把自己的平凡工作与建设有中国特色社会主义伟大事业紧密联系起来，形成热爱和献身高等职业教育事业的强大动力，兢兢业业地完成教学工作。这对学生是一种无形的教育。对教育事业的热爱，还反映在热爱学生上。很难想象一个不爱学生的教师会热爱他的工作，会出色地完成工作。只有热爱学生，才能教好学生，这是一名教师应具备的最根本的一点，也是教师职业道德的重要标准。

(二)为人师表，教书育人

师德是师资队伍建设的基石。高素质的教师，不仅学识渊博，更要师德高尚。教师作为

学生的指导者和引路人，其言谈举止、待人接物，对学生起着潜移默化的作用，有时还会给人留下终身难忘的印象。

为人师表是教师职业道德的最重要特征。教书的目的在于育人，师表的作用也在于育人，教师的劳动特征之一是示范性，这便决定了教师在思想品德和作风上必须成为学生的表率。孔子说："其身正，不令而行，其身不正，虽令不从，不正身如何正人。"教师不仅要以自己的学识去教人，更重要的是要以自己的高尚品格去教人。教师美好的心灵和高尚的品质是表率作用的基础，教师品行端正、师德高尚、学识造诣深，对学生的影响和熏陶力就大，在耳濡目染之下，学生就会健康成长。教师应当通过自己的言传身教使自己成为学生在政治方向、思想道德、文化素养和学识方面的楷模。

二、建设一支业务水平较高的教师队伍

高等职业高专教师合理的知识结构，是形成教育能力、科研能力和实践能力的基础。目前高等职业高专教师应具备的业务素质主要包括以下几个部分。

（一）深厚的基础理论和较宽的专业知识

基础理论深厚的教师，适应能力强，有利于解决教学、科研、实践工作中出现的新问题，有利于自身的提高和发展。当代知识总量急剧增长，知识更新的周期不断缩短，而基础理论知识却是相对稳定的，有的是长久不变的，它对教师的工作及进修提高的影响是长期的。基础理论深厚、专业知识较宽的教师，蕴藏着较大的创新潜力，有利于学术思想的开拓，使自己的专业知识产生质的飞跃。

（二）相关学科是基本知识

作为高等职业高专教师，知识面不仅要宽，而且要深入、精通，同时还应熟悉与本学科有密切关系的相关学科的基本知识。因为当今科学技术的发展呈现出信息化、群体化、知识与技术密集化趋势，学科发展具有横向关联性、交叉性和综合性的特点，不断出现新学科。新学科的产生对教师提出了新要求，因为高等职业教育的根本目标是满足社会需求，社会需求什么专业，学校就开设什么专业，因而更需要教师掌握相关学科的基本知识。

因此，高等职业高专教师应具备的知识，不仅要专而且要博和新。教师的知识渊博才能使教学内容丰富多彩，讲课生动活泼，融会贯通，举一反三，为学生参加工作后扩展专业打下基础。

（三）必要的教育学理论知识

高等职业高专教师应具有的教育科学理论知识主要是教育学、心理学基本知识，熟悉高等职业教育的基本特征和基本规律。

除合理的知识结构外，高等职业高专教师还应具有胜任工作的能力。高等职业高专教师的能力由实践能力、组织能力、科研能力、创新能力、适应能力、运用现代教学手段能力及外文应用能力六部分组成。总体来说，对教师的能力要求是既能较好地运用已具备的知识、技能，有效地进行教学、科研工作，又能不断地获得新知识和调整自己的知识结构，使自己的知识结构处于最佳状态，以适应高等职业高专教学和科研发展需要。

1.实践能力要求

教师实践能力的核心是通过教学培养和发展学生解决问题的能力。高等职业教育的人才培养目标是生产、建设、管理、服务第一线的高等技术应用性人才。在教学环节上，强调实践性教学环节，注重提高学生的实践能力；在办学模式上，强调产学研合作教育，要求教师能跟踪市场发展变化，把教学工作同解决经济和社会发展中的实际问题紧密结合起来。这无疑对高等职业高专教师的实践能力提出了更高的要求。

2.组织能力要求

教师应具备基本的教学组织能力，尤其是在高等职业教育生源结构较为复杂的情况下，高等职业高专教师的组织能力就显得更加重要。高等职业高专教师要有出色的组织管理能力，才能顺利完成教学任务，并取得最佳效果。另外，高等职业教育实践性强的特点对高等职业高专教师的组织能力提出了更高的要求。在实践性课程的教学中，要求教师必须将学生按体能、智能、性格等编排成组，以便有效地组织教学。如在组织情境教学时，教师要根据每个学生的不同性格特点为他们安排不同角色，并以本堂课的教学内容为主线时刻牵动着学生的思维，充分发展他们的个性，调动他们的学习积极性。

3.科研能力要求

具有一定的科研能力是高等职业高专教师必须具备的能力。教师能跟踪本学科发展的方向，学习运用学科前沿知识，解决生产建设实际中遇到的问题，为社会和企业服务，并将最新科研成果传授给学生，这是高等职业高专教师必须具备的一个很重要的能力。教师只有进行科学研究，才能不断丰富、加深和更新自己的知识，活跃学术气氛，提高学术水平，从而深化、丰富教学内容和发展学生的能力。同时，教师科研的思想、科研方法以及伴随着教学而不断提出的新课题都能激发学生强烈的创新欲望，对学生科研能力的提高、创造性思维的培养极有益处。教学内容的更新与科学研究活动是源与流、互为条件、互相依存的辩证关系。科研能力是教师不断提高自己学术水平、提高教学质量的重要保证，也是确立教师威信、教育学生的重要条件。

4.创新能力要求

随着社会经济的迅速发展和科学技术的全面进步，使得知识的更新与传递速度日新月异，在对人们提出更高要求的同时，还使职业结构发生了重大的变化，造就了一批新的领域，并带动了对专业人才的需要。这种变化要求高等职业教育必须注重学生创新意识和能力的培养。而这一目标的实现要靠具有创新意识和能力的高等职业高专教师来完成。

5.适应能力要求

适应能力是指教师不断调整自己的知识结构和能力结构，以适应教育改革、经济技术和社会发展需要的一种综合性能力。它是高等职业高专教师综合素质的体现。

首先，教师要能适应专业结构的调整与改革。现代科学技术的分化和综合，引出了一系列综合学科、边缘学科和横向学科，从而引起社会产业结构的深刻变化。以新技术群为基础的新兴产业群，将成为今后社会的经济支柱，高等职业教育的特征之一是满足社会需求，社会需要什么专业，学校就开设什么专业，培养什么人才。因此，教师应当在加深基础理论和专业知识的同时，不断拓宽自己的知识面，密切注意本学科及相关学科的发展趋势，一旦社会生产需要或专业结构发生变化，就可以迅速转入相关学科或新学科领域。

其次，教师要能适应教育思想、教学方式的改革，现代科学技术的进步和社会生产力的提高，不断推动高等教育的教育思想、教学内容、教学方法和教学组织形式的改革。改革的突出特征是：在教育思想上，由单纯强调专门人才向复合型人才的方向发展，并同时强调和重视人才的道德、文化和身体素质的全面和谐的发展；在教学思想和教学方法上，由以传授知识为主转向在传授知识的同时强调知识、能力、素质协调发展，尤其是强调创新能力的培养。现代教育改革的广度和深度都是前所未有的。面对这场改革，教师应更新教育观念，跟上时代发展步伐。

6.运用现代教学手段的能力及外语能力要求

随着科学技术的发展，现代教学手段已经进入到教学当中，掌握现代教学手段应当是高等职业高专教师必备的能力之一。在众多现代教学手段中，运用计算机是最普遍的。当代微电子技术的飞速发展，使电脑的功能越来越强，应用领域越来越广，电脑正成为人类生产、生活不可缺少的工具。国际互联网的推广为时不长，却已经拥有数以亿计的用户，网上丰富的信息资源、方便快捷的人际沟通、全球性的贸易机会，吸引着越来越多的人。如今，学会使用电脑，学会上网，已成为千千万万普通人的迫切需求。作为高等职业高专教师，应当在计算机应用能力方面有较高的水平，以适应教育现代化的要求。

一是创造条件将计算机引入课堂，努力在课堂教学中使用多媒体课件，通过画面、声音展示较为全面的感性信息，扭转现有教学手段和方法明显落后的局面。二是开发和应用适合本专业实际情况的计算机软件，改善教学效果，增加课堂信息量。三是课程设计和毕业设计环节中应用CD(计算机辅助设计)，使学生绘图时甩掉图板，掌握现代科技手段。

熟练运用外语的能力也是高等职业高专教师必须具备的能力之一。在信息技术日益发展的今天，熟练掌握一门外语有助于高等职业高专教师及时了解和掌握外部信息并将这些信息应用于教学和科研工作之中。另外，掌握一门外语便于高等职业高专教师了解发达国家和地区高等职业教育现状及经验，用于指导高等职业高专教学。

三、建设一支结构合理的教师队伍

高等职业高专师资队伍结构的优化，必须主动适应社会结构、经济结构、产业结构、技术结构、高等职业教育结构的变化，满足新形势、新的任务对高等职业师资队伍的要求，使师资队伍发挥出最大的功能，以实现高等职业教育的培养目标，使高等职业师资队伍结构与高等职业教育系统与社会大系统相适应。因此，依据这一出发点，高等职业师资队伍结构的每一构成要素的内容或者说结构指标要随着社会、经济发展的变化而变化，优化的目标值将是一个动态变化的发展过程。要与时俱进，根据社会、经济发展的水平和要求，制定有前瞻性的、切合实际的、可操作的高等职业师资结构优化的发展目标，使高等职业师资队伍自身也得到可持续发展。

第三节　高等职业教育师资队伍建设的发展趋势与对策

一、创新发展高等职业教育师资队伍建设

目前一些高等职业院校顺应未来高等职业教育创新发展趋势，提出适合职业院校特色的多层次“双师型”教师培育创新实践路径和创新发展平台模式，整合人事、教务、科研、实训等职能，成立教师发展中心。实践证明，这一举措能为教师职业发展提供有效的政策支撑和专业化服务，促进教师与学院协同发展，从而提升人才培养质量，推动高等职业院校内涵发展，可作为新时代高等职业教育师资队伍建设创新发展的借鉴模式。

（一）充分发挥教师发展中心的桥梁纽带功能

建立教师发展中心，旨在落实国家高等职业教育创新发展行动计划，更好地整合校内外资源，加大校内优势资源共享，满足教师个性化、专业化发展和人才培养特色的需要。中心以“点燃教师激情，追求教学卓越，致力教师发展，提升师资水平”为工作宗旨，秉持“教学能力与实践技能并重，系统培训与自主发展并重”的高等职业教师成长理念，以提升教师业务素质为根本目标，积极开展教学交流、成果分享、教师培训、职业规划、咨询服务、推荐评优等各项工作，为教师教学能力、科学研究能力、实践能力和创新能力的发展提供有效的专业化服务和支持平台，从而推动高等职业院校师资队伍建设和教学改革、教学评估迈上新台阶。

（二）以中心为平台创新发展师资队伍建设

以“教师发展中心”为平台，建立完善“双师型”教师培养培训服务体系，建立教科研创新机制，加快信息流通，提高教师的职业技能水平和研发能力，为加快学院内涵建设和创新发展步伐提供源源不断的人才支撑。

1. 以中心为平台，建立创新发展机制

整合校内外资源，加快校内外优势资源共享和信息流通，组建高水平教学管理和咨询团队，推动教学科研资源汇聚，提升学院教科研水平和服务区域经济能力。组织教学名师开展教学专题研讨和咨询，组织教学观摩研讨等活动，促进教师间的交流和互助，为提高教师教学能力和业务水平提供学习典范和借鉴。

2. 以中心为依托，加大教师关爱力度

深入了解教师职业发展和生活中遇到的问题，协调各部门统筹解决。开展教师教学论坛、主题讲座、教师教学沙龙等活动，促使教师人格的自我完善及师德、师风建设的深入开展，提高教师自身素质和综合能力，使教师发展中心成为教师的成长基地和精神家园。

3. 以中心为桥梁，搭建学科研究平台

帮助教师培育并组建专业团队，提高教师的教学科研能力，不断提升专业建设水平，增强办学竞争力。与社会建立有利于学院发展的沟通机制，激励教师到行业企业一线去接受锻炼，在实践中不断增长才干，提高教师的职业技能水平和研发能力。加大对高等职业称、高学历人员引进力度，整合校内外人才资源，组建高水平培训与技术服务团队，为社会和行

业提供专业培训和服务。

（三）大力推进“双师型”教师培养培育建设

按照“统筹规划、分类指导、协同发展”的思路，围绕服务地方经济和提升人才培养质量，以教师职业发展为导向，以培育教师创新实践能力为目标，建立起具有职业院校特色的多层次“双师型”教师培育创新实践体系和平台。

1. 拓宽“双师型”教师的培育引进渠道

一是重视从企业一线聘请引进拥有实际生产和管理经验的一线管理技术人才，高技术能手和行业专家充实教师队伍，弥补专业教师实践能力的不足，改善师资队伍结构，提高高等职业院校“双师型”教师队伍整体素质。二是建立健全“双师型”师资队伍建设的激励制度。在师资队伍建设的各项制度中引入激励机制，将学院的发展与教师的切身利益紧密相连，在相关政策的制定上向“双师型”教师倾斜，激励教师努力转化成“双师型”教师，实现教师资源科学化配置。

2. 建立完善“双师型”教师师资培育机制

大力推进“双师型”教师培养培训基地建设和技能大赛、项目计划等创新实践体系和平台建设。

一方面选派优秀教师进科研院所、企业、生产一线顶岗培训、实践锻炼，建立与企业、行业密切联系的职业教育教师培育体系，把企业实践和行业领域中的最新技术成果不断引入课堂，以此提高教师的教学成效，提高人才培养质量。另一方面针对不同学科、专业、学历、职称层次的教师施以诸如学历学位提升、专业技能培训、企业顶岗实践锻炼、国内外研修访学、骨干教师进修等形式培训培育，充分拓展他们自身的专业技能，全方位促进“双师型”教师全面发展。

3. 拓展“双师型”教师“产、学、研”交流空间

不同层次不同类型的高等职业院校，应根据各自的特色，坚持走产教融合、校企合作的办学之路。高等职业院校要树立职业教育创新发展理念，与企业、事业、科研机构等单位建立“产、学、研”合作实践基地，鼓励支持教师参与合作共建单位的技术研发和工艺改进。教师从教学一线拓展到生产实践和技术研发与服务，不仅能提升教师专业知识和实践技能，也能通过教师投身到真实的职业实践中去建构职业身份，通过言传身教，使学生获得整体性职业化学习并懂得遵守职业道德，加速职场的适应和转变。

二、加强高等职业师资队伍建设的对策探讨

（一）更新观念，提高社会对高等职业教育的认识

一方面，要在新闻媒体等各方面加大宣传力度，形成有利于高等职业教育发展的社会舆论环境；另一方面，要发挥政策、措施的导向作用，同时高等职业院校也应努力办出自己的特色，树立良好的高等职业教育形象。此外，政府和学院也应加大投资力度，在保证教学需要的前提下适当提高教师劳动报酬，提高教师的经济地位和社会地位。

（二）建立适合高等职业教育发展的师资队伍建设管理机制

首先，统一认识，始终把师资队伍建设放在学院工作中的首位。作为高等职业院校的领导，要重视师资队伍的建设，坚持“以人为本，人才兴校”的治校方针，秉承人力资源是第一资源，教师是学校发展的生力军的理念。各级管理者要增强为教师、为教学服务的意识，对广大教师思想上的进步、工作上的成绩要充分肯定，在评优、晋级上应对教师队伍加以倾斜，同时可以把“师资队伍建设”作为考核“各级领导任期目标”的一项内容。

其次，建立创新的师资人才管理机制，提倡“柔性管理”模式。在满足基本物质需求的基础上，要努力为教师的成长和发展创造条件，使他们的个性、才能得到发挥，坚定他们的事业心，增强他们的使命感、责任感和成就感；营造宽松的学术氛围，创造和谐的人际环境，尽量为其提供成功的机会；通过焕发教师对自我价值实现和自我目标的憧憬，产生对组织目标的认同，从而不再是被动的接受管理，而是转化为自觉行为。

（三）构建高等职业师资引进的独特机制，优化师资队伍结构

针对高等职业教师总量紧缺的现象，一方面，广开引进渠道，充实师资队伍，并努力做到引进一个人，带动一个专业，示范、辐射一群教师的作用；另一方面，考虑到高等职业培养人才的能力本位原则，在师资引进过程中要突出教师的“应用技能”这一重点，严把“能力”关，从而构建起高等职业师资引进的独特机制。

在引进人才的同时应重视院内青年教师的培养，以利于结构优化和可持续发展。在青年教师刚刚走上工作岗位时，学院可以组织教学经验丰富的优秀老教师以老带新、实行“导师制”，通过传授教学基本功帮助新教师过好教学关。应为青年教师创造一个轻松、宽容、和谐、充满各种机遇的环境，不能因为某方面工作经验的暂时欠缺而对他们全盘否定，打击积极性；同时进一步健全教师考核制度，明确职责，建立科学、合理的考核指标，做到全面、公正、客观；还可增加特色评价项目，把教师有无教学创新成果、科研创新成果作为重要评价项目。对于高等职业院校的年度考核，仅仅给出成绩是不够的，最好能够进行一定的说明，帮助教师查找问题原因，明确改进方向。

（四）建立健全的教师进修和培训机制，提高教师综合素质

教师素质直接影响到人才培养质量。高等职业教师要自觉树立终身学习、终身教育的新理念。学校也必须切实建立一个适应高等职业教育发展的健全的师资培训机制并尽可能保证其针对性、前瞻性及实效性。

首先，加大师资队伍建设经费的投入。学校可把有关教师进修和培训的资金列入经费预算，并做到专款专用。着力在“特色专业、骨干专业、重点专业”上下功夫，尽可能做到把学校有限的资金花在刀刃上，提高资金的使用效益。

其次，要积极为教师创造条件，采取“内培、外送”等多种方式；鼓励教师参加各种形式的进修培训；聘请专家学者在校内举办各种培调和讲座；另外，可以通过参加相关的研讨会及时了解专业课程的前沿发展状况。结合经费有限的实际，可实行内培为主、内培与外送相结合的培训方式。

第四节　高等职业教育的科研队伍建设

科研队伍通常是指科研人员队伍和科研管理人员队伍，现阶段，高等职业院校加强科研队伍建设显得尤为重要，因为，科研队伍的水平关系到学校整体科研地位和学校的内涵发展，应该引起高度重视。

一、科研人员队伍建设

科研人员是学校科研工作的主力军，科研人员的素质直接关系着科研的质量，关系着学校的学术声誉和学术水平。

高等职业院校的科研人员应具备如下基本素质。

（一）掌握科学的方法论

科学研究要建立在科学的认识论基础上，要用马克思主义的方法论指导我们的研究工作。科研工作要讲究实事求是，容不得半点虚假，任何违背事物发展规律的研究都是同科研精神相悖的，是我们所必须反对的。因此，科研人员要努力学习科学理论，掌握科学的方法论。只有这样，我们的科研工作才能不走弯路，并取得优异的成绩。

（二）掌握科研的基本方法

科研水平的提高同是否能掌握良好的科研方法有关，方法正确，事半功倍；方法不对，事倍功半。自然科学的研究，实验法是最基本的研究方法，所有的数据和参数都要经得起实验的验证。因而，掌握正确的实验方法对自然科学研究就显得十分重要。社会科学的研究，虽然不必像自然科学那样所有的结果都要用实验来验证，但也必须符合事物的认识规律，研究必须建立在历史的、现实的基础上，不能凭空想象。就教育科学研究来说，研究的基本方法就有历史研究法、观察研究法、调查研究法、实验研究法、行动研究法、个案研究法等。至于研究中运用什么方法，则要具体问题具体分析。有的研究项目可能以一种方法为主，有的研究项目则要几种研究方法的综合运用。因此，对高等职业院校的科研工作者来说，掌握基本的研究方法，对提高自己的研究水平是非常必要的。

（三）具备相应的研究能力

研究能力包括方法能力、提出问题的能力、分析鉴别的能力、概括提炼能力、成果撰写能力等多方面。方法能力是指研究人员要掌握基本的研究方法，了解各级课题的申报办法，能正确填写课题申报表等。提出问题的能力是指能就自己所在的学科领域，提出自己的研究方向，并了解学科的前沿动态，同时能就别人研究中存在的问题提出自己的看法。分析鉴别的能力是指具有鉴别正确和错误观点的能力，能正确运用所掌握的各种文献资料，去伪存真，不为错误的观点所迷惑。概括提炼能力是指能对自己所研究的成果进行总结性的提炼，并能上升到一定的理论高度，具有通过对所拥有材料的分析研究，提炼所需的观点的能力。成果撰写能力是指能通过简明扼要的语言把实验结果、研究成果表述出来。

（四）具有一定的科研成果推广能力

科研成果不能只停留在实验室或放在保险箱里，还必须把科研成果转化为现实生产力。只有这样，科学技术才能真正发挥第一生产力的作用。高等职业院校不仅要培养出一批实用技术的研制大师，还要培育出一批科技成果的推广大师。因此，高等职业院校的教师要具备一定的科研成果推广能力，要掌握相应的知识营销技巧和推广技术。

（五）具有良好的学术道德

科学研究是一项艰苦的、周期长、收效慢的工作，从事科研要树立起“板凳甘坐十年冷”的思想。科学研究同急功近利思想是格格不入的，只有耐得住寂寞，才能修得正果。曹雪芹写作《红楼梦》是在“举家食粥酒常赊”的艰难环境下，用了十年时间才完成的。“两弹一星”的功勋们是在戈壁沙漠的恶劣环境中，成就了事业的辉煌。因此，高等职业院校的科研工作者在科研工作中，一定要坚持科学的研究态度，树立起良好的学术责任感，严守学术道德。这对一个研究者来说是至关重要的。

二、科研管理人员队伍建设

科研管理人员是指学校科研管理部门中，承担学校科研管理工作的人员。科研管理人员的素质和水平，直接关系着学校科研人员队伍科研积极性的发挥和科研管理的水平。因此，重视科研管理人员队伍的建设，也是学校科研工作中一项不可忽视的工作。

（一）高等职业院校的科研管理机构建设

相对于普通高等学校，高等职业院校的科研管理人员队伍显得比较薄弱。

第一，有的学校没有设立独立的科研管理机构，把科研管理职能附设在教务处中当作教学工作的一部分来对待，而科研管理是高等职业院校管理职能中的一项重要职能，把科研管理职能弱化为教务工作的一部分，表明对科研管理工作认识不足，重视不够。其实，科研管理工作同教学工作有质的不同。教学工作服务的对象是教师和学生，它的主要功能是日常的教学管理，如学籍管理、课程安排、教学改革、专业建设等；科研管理面对的主要是教师，它的主要功能是课题和科研成果的申报、评奖，科研项目和经费的管理，科研管理制度的制订，科研成果的推广以及同上级科技主管部门的联系等。因此，不宜把两种不同质的管理放在同一个管理部门中。

第二，虽有独立的科研管理机构，但科研管理力量薄弱，现在大多数高等职业院校的科研管理机构连长带兵一般只有二人，面对日益扩大的科研管理职能，力量就显得薄弱。由于管理人员少，管理大多停留在日常工作的层面上，难以开展有效的外联内合工作。如跟科研主管部门、企业的联系不够；对外面的科研信息了解不够；对学校科研工作的整体发展考虑不够等，而这都会影响学校科研水平的提高。

第三，科研管理人员的管理水平有待提高，科研管理人员存在着管理经验不足、服务意识不强、政策水平不高等问题。这些问题的存在跟科研管理部门人手少、缺乏培训、平时钻研不够有关。科研管理人员起着中间桥梁作用，上连上级科研主管部门，下接学校广大科研工作人员，科研管理人员的素质直接体现着一个学校的科研管理水平，必须加以重视。

对高等职业院校来说，重视科研工作不能只停留在认识上，而要落实在行动上。要做到双管齐下，既要充分调动广大科研工作人员的积极性，又要健全科研管理机构，调动科研管理人员的积极性，发挥他们外联内合、牵线搭桥、督促检查的作用。一个学校科研水平的提高，导向作用是非常重要的。建立和健全科研管理机构，就是学校重视科研工作的重要举措。现在，许多高等职业院校在教学和管理中还残留着明显的中专模式。究其原因，跟教师的科研水平不高，跟学校没有建立相应的高等学校管理模式有关。当然，设立了科研管理机构并非意味着学校的科研水平就一定能马上提高，冰冻三尺，非一日之寒，教师科研素养也并非短期内能显著提高的。但有了机构，就有了权利和责任，科研管理部门就有责任和义务去积极争取课题，组织力量进行科技攻关，督促教师开展科研工作，检查课题的进展情况，组织专家进行课题论证，开展科研成果评审等。而所有这一切工作，对学校科研水平的提高显然是有积极作用的。

（二）高等职业院校的科研管理人员的素质

科研管理人员是科研管理工作的承担者和实施者，作为一名科研管理工作者应具备良好的职业素质。

1.科研管理工作者应具备的职业素质

（1）具有良好的服务意识

管理就是服务，科研管理的根本宗旨就是要为教师开展科研工作创造一个良好的环境。在课题申报、成果报奖、科研经费核算等方面努力为广大科研工作者做好服务。想教师之所想，急教师之所急，以自己的实际工作树立起科研管理部门的良好形象。

（2）具有比较高的业务水平

科研管理工作是一项专业性比较强的工作。如科技报表统计就是一项专业性很强的工作，需要耐心、细致和计算机处理技术，没有一定的专业知识是难以做好的。又如科研工作量的统计，如果不了解各种课题的来源、类型，不了解期刊的分类，计算中就难免会出差错。因此，只有努力钻研科研管理的业务知识，才能不断提高自己的业务水平。

由此可见，加强科研管理者的自身建设是非常重要的。作为一名科研管理工作者，除了自身努力外，高等职业院校也应该为科研管理者素质的提高积极创造条件。

2.科研管理工作者的自身建设

组织对口交流，向科研管理工作做得比较好的高等职业院校学习；请普通高等职业院校管理经验丰富的管理人员来校传经送宝等。通过交流和学习，开阔视野，增强见识，提高水平。同时，可聘请上级科研主管部门的领导来校讲授科研管理的方法和要求，提高管理的针对性。

与此同时，科研管理人员要在管理水平的提高上下功夫。

（1）要加强学习

既要学习业务知识，又要学习别人的管理经验。业务知识是自己做好本职工作的基础，业务知识不精，管理水平就难以提高。因此，熟悉业务，精通业务是做好工作的第一步。要虚心向普通高等职业院校管理经验丰富的同志学习，通过学习别人的经验，缩短自己的摸索过程，更快地提高自己。

(2)要强化服务意识

要牢固树立为广大科研工作者服务的观念，这是做好本职工作的前提。科研管理有许多烦琐的日常事务工作要做，有许多政策性的问题要向教师解答，没有牢固的服务意识就难以开展对教师全方位的服务。

(3)要加强沟通

沟通也是做好服务工作的重要内容。通过同教师的沟通，宣传科研政策，激励教师的科研积极性；通过同学校领导的沟通，让领导了解学校工作的现状和急需解决的问题，使科研工作能更好地开展；通过同上级科研主管部门的沟通，让上级部门关注高等职业院校的科研工作，从而争取更多的政策支持，加快学校科研工作的发展；通过同企业的沟通，了解企业的技术需求，为校企横向合作牵线搭桥。

(4)要提高决策咨询水平

科研管理部门除了履行管理职能外，还要担负起为学校科研发展决策咨询的作用。如制定学校科研发展规划、学科发展规划、学科带头人培养计划等，这需要科研管理人员具有较高的政策水平。要了解国家的科技政策，国家今后科学技术发展的重点方向，国家今后要扶植的重点产业，以及地方经济发展的支柱产业等。只有这样，才能为学校的科研决策提供咨询。

作为科研管理人员，加强自身建设，提高自身素质对提高科研管理的质量和效率具有重要的作用。在我国大力发展高等职业教育的今天，在高等职业院校科研工作还比较薄弱的今天，加强高等职业院校科研管理人员的自身建设，具有特别重要的现实意义。

三、高等职业院校的科研管理体系

好的制度激励人，不合理的制度挫伤人。高等职业院校科研水平的提高，教师科研积极性的发挥，需要有制度的保障，要发挥制度在激励教师科研积极性方面的重要作用，构建起激励教师积极性的科研管理体系。

(一)校长要重视科研工作

一所学校科研工作的成效，同校长的科研意识、对科研工作的重视程度密切相关。凡是校长重视科研，并带头搞科研的学校，科研工作就起步快，成效好。

首先，校长要树立良好的科研意识。要把抓科研工作提高到提升学校综合实力的高度来认识，要像抓教学工作一样来抓科研工作，通过科研促教学，培养人才是高等学校的根本任务，科技工作是培养高级专门人才的一个重要手段，高等学校必须高度重视科技工作，把它作为一项基本任务。因此，高等职业院校的科研工作并非可有可无，而是学校的基本任务之一。重视科研工作，教学质量才会不断提高，学校发展才会不断加快。一个学校科研工作的好坏，应作为衡量校长工作的一个主要标志。

其次，校长不仅要在观念上重视科研工作，而且要落实在具体的行动上。一是要建立和健全科研管理机构，给以相应的人员编制和经费保障；二是在科研经费上要给予大力支持，每年应以一定的比例增长;三是要开好每年一次的科研工作大会,通过科研工作大会,总结经验,提出努力方向,表彰科研先进工作者,创造一个人人重视科研的良好环境。

最后,校长要带头搞科研、做课题,通过自己的科研工作,推动学校科研工作的开展。俗话说,身正令行,校长的科研意识、科研能力对高等职业院校科研工作的开展具有良好的示范作用和推动作用,因此,校长要努力使自己成为管理专家和某一领域的专家,通过自己的实践,推动学校科研工作的开展。

(二)建立科学的有利于教师发挥科研积极性的管理体系

高等职业院校要建立有利于发挥积极性的科研管理体系,管理体系一般包括科研评价、科研激励和日常管理等方面的内容。

首先,科研管理评价制度要起好导向作用,对教师的科研方向和科研重点的确立起到引导、规范作用。高等职业学院的科研评价制度要创新,一是要改变重理论研究轻实践应用的科研评价观,把应用技术研发、参与企业技术攻关、技术服务、应用技术推广等方面的成果作为衡量教师科研成果的主要指标。二是要把教师参与产学研结合的情况纳入科研评价的指标体系。三是要把教师参与专业、课程和人才培养模式改革的情况纳入科研评价指标体系。四是要把科研工作量纳入教师工作量考核指标体系,改变教学工作量与科研工作量不等值现象,提高教师科研积极性。总之,要通过评价制度,使教师的科研与学校的发展目标、学科建设、产学研结合、人才培养模式改革、教学质量的提高结合起来。

其次,要充分发挥管理制度对教师的激励作用。许多高等职业院校都纷纷出台对科研成果的重奖制度,而高等职业学院由于办学时间短、积累不够、缺乏科研带头人,整体科研水平不高,在这样的情况下,高等职业院校应如何面对?我们认为,要通过制度来激发教师的科研积极性。一是要制定具有导向作用的奖励制度,对具有重大创新和重大推广价值的理论、技术成果,成果转化产生显著经济效益的,成果推广成效明显的要给予重奖。二是对承担国家重大研究项目,并产生重要影响的课题组成员要给予重奖。三是研究成果为学校采纳,为学校发展做出重要贡献的要给予重奖。四是要打破以刊物等级进行奖励的管理制度,以科研成果质量为奖励的主要标准。当然,奖励标准应从各校的具体情况出发,但必须起到应有的激励作用。

最后,要发挥管理制度对教师科研行为的规范作用。目前,高等职业学院的科研管理还存在重立项、轻结题现象,因此,科研管理要重视规范管理工作,要在课题的中期检查、结题等环节上加强管理,使每个课题都能有较好的效能产出,从而改变科研管理上立项轰轰烈烈、结题拖拖拉拉、成果稀稀拉拉的现象。要制定制度,对不按期完成研究任务的人员给予相应“处罚”,提高课题管理效率和成果水平。

第五章　高等职业教学管理基本知识分析

第一节　高等职业教学管理工作概述

高等职业院校的教学管理工作是指教学管理者遵循高等职业教育的教学规律和教育方针，运用现代教学理论和现代管理理论，采用科学有效的管理方法和技术，发挥决策、计划、组织、控制、服务、参谋和创新等具体管理职能，使自己的教学活动达到既定目标的活动过程。

一、教学管理的基本内涵

教学管理是在管理理论和教学理论原理的基础上，运用科学的管理和教学方法，充分发挥教学管理者的计划、组织、协调、控制等管理职能，对教学过程的各个环节和各个要素加以统筹协调，使之有序运行并不断提高效能的过程。

培养社会主义建设的人才有多种途径，如教学、科研、生产劳动、社会实践活动等，但学生只有在校期间才能系统地学习政治理论和科学知识，进行思想品德教育，而且在学习各门课程的同时，也可以形成一定的世界观和方法论。

由此可见，教学是学校培养人才最基本的途径，教学管理也是学校各项管理工作中最重要的一项工作。在教育过程中，教育行政部门和学校共同承担着教学管理的工作，它涉及过程管理、业务管理、质量管理和监控管理。

（一）过程管理

教学过程是根据教育方针的要求和一定的社会需求，以教学目标为导向，以学生的身心发展规律为依据，由教师教学与学生学习共同组成的双边活动过程。这一过程包含教师、学生、教学内容和教学手段等要素。

其中，教师是教学过程的主导因素，引导学生学习；学生是教学过程的主体，也是学习的主体；教学内容和教学手段是教学过程中的客观因素，也是教师和学生发挥各自作用的物质载体。教师的教学过程由课前备课、课堂教学、课外辅导、作业批改和教学评价五个基本环节组成；学生的学习过程由课前预习、课堂听课、复习巩固、应对考试、掌握知识和应用知识六个基本环节组成；教学过程管理是指教学管理者根据教学过程的规律，确定教学工作的顺序，制订教学工作的计划，通过策划、娱乐、检查、总结等方式实现既定教学目标的活动过程。

（二）业务管理

教学业务管理是对学校教学业务工作的各个环节所进行的有计划、有组织的管理活动，是学校教学管理工作的重要组成部分，决定着学校教学管理的水平。在教学业务管理方面应做以下四个方面的管理工作。

1.组织工作

一方面要建立有效的教学组织机构,建立健全二级学院教学管理组织,建立完善校院二级教学管理体制机制;另一方面要建立和健全教学管理规章制度,即修订或制定一些有关教学方面的规章制度,如备课、上课、听课、评课等标准及具体规定和要求等。这对规范教学人员的行为、调动教师积极性、提高教师队伍素质和教学质量可起到一定程度的保证作用。

2.培训工作

要想完善学校教学业务管理,提高教学管理队伍(特别是教师)的业务水平,学校或教育行政部门需要定期举办各类教师培训班。例如,新入职教师的岗前培训;综合活动课的实验培训;"三教"改革背景下课程建设培训;老教师的信息技术培训等。

3.指导工作

上一级教学管理者需要根据工作目标、管理计划,对下一级管理者的管理能力和业务管理水平进行指导、点拨、帮助。

4.协调工作

教学管理者在教学工作计划制订和实施的过程中,要本着减少内耗,提高效能的原则,协调好教学管理系统内与外、组织与组织、组织和个人、个人和个人之间的关系。

(三)质量管理

教学质量管理是学校为保证培养社会需要的人才,促使教学效果达到课程计划、课程标准和教育目标所规定的要求,对教学过程和效果进行指导、控制的活动。教学质量管理是学校教学管理工作的中心任务和核心内容。

学校教学质量管理的一般程序如下。

1.确定教学质量的标准

依据教学目标,将其拆分成一个个小任务,并使之具体化、细节化。

2.进行教学质量管理检查和评价

通过与确定的教学质量标准对照比较,对教学工作计划实施的进展和效果、教学规章制度的执行情况、教学工作的质量分析、各级教学管理组织机构及其管理人员发挥管理职能作用的情况等进行检查和评价,从而发现问题,改进教学工作。

3.进行教学质量分析

根据在检查过程中出现的问题找出解决和改进教学工作的途径与方法。

4.进行教学质量控制

教学质量控制就是依据教学质量分析的结果,科学有效地实施教学质量改进措施的过程。

(四)监控管理

教学监控可分为教学质量监控和教学过程监控两部分。即根据课程标准和教材对教学的要求,对教学过程进行监测和检查的过程,从而找出反映教学质量的资料和数据,发现教学过程中存在的问题,分析问题产生的原因,提出解决问题的建议,促进教学质量的提高,促进学生学习水平的提高和教师的专业发展，保证素质教育方针的落实。简而言之，监控是过程，评价是结果，目的是促进。

二、高等职业院校教学管理的特点

高等职业教育是不同于普通高等教育的综合教育体系，其具体特点是面向基层，面向生产服务第一线，在教育目的上以培养社会需要的实用型人才为主；在专业设置上保持灵活性，根据当前的就业前景和社会需求及时进行调整；在教学内容上以成熟的技术和管理规范为主，根据职业能力而非学科要求来设置教学计划和课程，实训比例较大且注重与企业结合。

高等职业院校教学管理必须从高等职业教育的特点出发，反映高等职业教育各个特点的要求。因此，高等职业院校教学管理的目标是培养技能型和应用型的人才，教学管理的重点是教学质量，其特点具体表现为以下几点。

（一）思想性

1. 遵循教学原则

高等职业院校的一切教学管理工作都是为提高教学质量做准备的，教学管理工作必须要遵循教学原则。教学原则不仅反映了教学的客观规律，而且对加强高等职业院校教学管理，科学有效地进行教育教学工作，提高学校的教学质量水平有着十分重要的作用。

高等职业院校教学管理工作需要遵循的教学原则有以下四种。

（1）知识、能力、素质三个方面协调发展的原则

该原则符合社会主义初级阶段对各级各类教育的要求，培养既有良好的基础理论知识又有较强的技术应用能力的高等职业院校学生，在此基础上还需要有健康的身心、良好的思想品质和职业道德，促进学生德、智、体、美、劳等方面的全面协调发展。

（2）教师主导作用和学生主体作用相结合的原则

“三教”改革（教师、教材、教法改革）强调学生在教学过程中的主体地位，教师虽然在学生的学习过程中起主导作用，但其只是外在因素的影响。学生的内在因素更加重要，其知识和能力的提高需要靠其自身的自觉性、主动性和创新性。只有外在和内在因素结合起来，才能逐渐培养学生分析问题、解决问题的能力，才能使学生学会生存和与时俱进。

（3）学生的共性与个性相统一的原则

学生大多处在相近或类似的身心发展阶段，有着共同的身心发展特点，学校对他们的培养目标也具有相应的共性。但学生由于专业、地域、成长经历等方面的不同存在着鲜明的个性差异，因此，教学和教学管理需要因材施教，遵循学生的身心发展规律，使他们在不同的专业和领域发光发热，成为各行各业需要的高等技术应用型人才。

（4）实用性和创造性相统一的原则

高等职业院校所要求培养的复合型技术技能人才不仅要有知识、技术，还要有智慧和创造力。专业技术人才的本质在于创新，在国家创新驱动发展战略的大背景下，高等职业院校教学管理工作也要注重培养学生运用知识分析问题，举一反三，发明创造的本领，使学生达

到实用性和创造性相统一的目标。

2.坚持正确方向

高等职业院校教学管理要坚持正确的方向，在国家政策方针的指导下进行教育教学管理工作。以国家的教育方针和培养目标为最高标准，贯彻党的教育方针，培养拥护党的领导，适应中国特色社会主义建设第一线需要的德、智、体、美、劳全面发展的复合型技术技能人才。遵守国家的法律法规，在教学管理过程中严格遵守国家颁布的有关职业教育等方面的法规和制度。另外，教学管理作为高等职业院校管理中的一个重要方面，还应当遵守学校的相关制度，与学校的发展方向和战略方针保持统一。

3.讲究管理的最佳效果

高等职业院校的教学管理工作要讲究管理的最佳效果。教学管理者在教学管理的整个过程中，力求以最小的投入收获最大的利益，协调和平衡好专业人才培养方案的制定、课程设置的组织与实施、教学运行管理和教学质量管理等环节之间的关系，从而达到整个教学管理系统的最优化，提高学校的教育教学质量。

4.以人为本

高等职业院校的教学管理要遵循“以人为本”的宗旨。在管理中，人是最重要的因素，要做到“以人为本”，就需要在教学管理过程中实行民主管理。处理好教学管理者与其他教职工之间的关系，发挥教职工的主动性，鼓励他们参与校园决策和人才培养方案的制定，形成教学管理者和教职工相互激励、相互监督，共同促进学校教学管理工作有序进行的合力。

（二）计划性

高等职业院校教学管理的最终目标是培养符合社会发展需要的复合型技术技能人才。在整个教学管理过程中都要以这个目标为中心来进行，通过人才预测了解各行各业对人才数量的需求和人才质量的要求，从而清晰地确定学校的人才培养目标，制定符合实际要求的人才培养方案和课程标准，对学校的教学管理工作围绕预测结果做出相应的调整和改革。

高等职业院校要想取得长远稳定的发展必须有正确的发展规划，并将这一规划划分成长期、中期和短期的目标，提前确定达到该目标的具体步骤和方法，打有准备的仗。教学管理工作的方向性和学校的发展规划是绝对一致的，高效率的教学管理工作能够促进学校规划超前完成。

高等职业院校教学管理工作的计划性更体现在人才培养方案的管理上。人才培养方案指导着学校的整个教学工作，其内容和要求体现了高等职业院校培养人才和模式的特征，对教学体系和结构起着决定性的作用。在人才培养方案管理的过程中，需要保证管理工作的内容、进程和质量等与学校管理的总目标相统一，为提高学校教学质量、稳定教学秩序打好基础。

（三）质量性

质量问题是价值判断的重要标准。高等职业院校需要“以质量求生存，以质量求发展”。高等职业院校在教学管理工作中需要形成独具特色的质量观，了解学校教育教学的质量标准，明晰学校所培养的职业型人才的质量标准，即培养有专业基础理论知识，具备较强技能和解决问题的能力，有良好的职业道德、个人素质和健康身心的复合型技术技能人才。

(四)市场性

高等职业院校的市场化是新时代高等职业教育发展的新趋势。在此背景下，将市场竞争机制引入高等职业院校的教学管理工作中，使学校培养的人才满足当前劳动力市场的需要。市场性主要表现为以下三个方面。

1. 产学合作教育模式

产学合作教育是一种将学校和企业的教育环境和教育资源结合起来，有机融合课堂教学和学生参与工作两个环节，提高学生的全面素质、综合能力和就业竞争力，培养不同行业需要的技术应用型人才的新型教育模式。产学合作合理利用不同的教育资源，有利于学生提早熟悉和适应社会环境，帮助他们将学习到的理论知识和实践工作有机结合起来。

2. 灵活设置专业与课程

高等职业院校具有职业定向的特性，不同职业的学生会选择不同的专业，学习不同的课程。因此，高等职业院校教学管理工作在专业和课程设置时要充分考虑到这一点，针对新时代就业前景较好或者急需人才的社会职业岗位进行灵活设置，兴办促进当地经济建设和社会发展的专业与课程，体现职业性和地方性，从而达到专业与课程的适应性和灵活性。

3. 引入教师专业人才市场机制

教师是高等职业院校教学管理工作的主力军，在教育教学工作和管理过程中起主导作用，将市场竞争机制运用到师资队伍的管理中，能够激励教师努力工作，主动提高工作效率。教师专业人才市场是指大力培养职业化的教师，并以市场机制进行调节的人才市场。在这样的人才市场机制下，有能力、有斗志的教师能够得到快速提升和更高的报酬，能力弱缺乏上进心的教师只能得到较低的回报，这就是教学管理工作市场性的体现。

(五)实训性

高等职业教育与普通高等教育最大的区别是它以培养学生的实践能力为重点，这就决定了高等职业院校教学过程需要大大突出实践性环节，加强对学生的高层次岗位技能训练，使学生能够“学以会用”和“学以致用”。因此，高等职业院校必然应设置大量的专业实训课和模拟实训室，通过实操训练提高学生的实践能力，同时高等职业院校也要加强对实训基地的管理和监控。

教学管理工作的实训性还体现在专业理论型教师和行业技术型教师队伍的建设上。另外，每一位教师也要提高自己知识结构的实践性，既要有充足的专业知识储备，又要具备较强的专业技能，在理论和实践方面都能够引导与帮助学生进步。

第二节　高等职业教学质量管理工作

教学管理的最终目的是保证和提高教学质量。教学质量形成于人才培养方案的制定过程、人才培养方案的实施过程和教学质量的评价过程。要提高高等职业院校的教学质量，必须研究教学质量形成的整个过程，做好高等职业院校教学质量管理工作，具体可从以下几个方面入手。

一、以就业为导向，树立全新的高等职业教育教学观和质量观

高等职业教育是培养面向生产、管理、服务等第一线需要的下得去、留得住、用得上、实践能力强、具有良好职业道德的高技能人才，所以，在教育教学过程中一定要以就业为目的、以企业需求为依据，树立全新的高等职业教育教学观。高等职业院校应确立“以人为本”的教育理念，努力贯彻知识和能力并重的教学原则，在教学过程中因材施教，尊重学生的个性差异和身心发展特点，促进学生在德、智、体、美、劳等方面的全面发展。

所谓的教育教学质量观是指评价学生学习成果和教育教学效果的标准。高等职业院校在教学实践中应改变以理论知识的掌握程度作为评价教育教学质量的唯一标准，提高对素质教育、实践能力的重视度，树立融知识传授、能力培养和素质提高为一体的教育教学质量观。

二、全员参与，共建教学质量管理体系

教学质量管理体系是做好高等职业院校教学质量管理工作所必需的要素集合，构建教学质量管理体系需要遵守以下原则。

（一）全员参与

教学质量是高等职业院校各项工作成果的综合体现，它取决于全体师生对教学质量管理工作的认识程度和参与度，取决于教学管理者和学校行政部门的工作与学习质量，提高教学质量需要依靠学校全员的共同参与和努力。

（二）系统有序

教学质量管理体系是一个组织结构、工作程序、过程和资源等多要素的集合体，是一个系统。教学质量形成的过程涉及教学活动的全过程，要提高教学质量，做好教学质量管理工作，就要树立系统的教育教学观念，运用系统科学的原理和方法，对暴露出来的教学质量问题进行全面细致的诊断和辩证有效的治理。

（三）预防为主

治疗疾病的最好方法就是将其扼杀在摇篮中，高等职业院校的教学质量问题也是如此。高等职业教育以培养社会需要的实用型人才为最终目的，学生是教育教学的主体，为了保证教学的质量，应当在教学过程中通过明确岗位职责、建立健全规章制度等措施，将影响教学质量的因素安排在可控范围内，以事前控制、预防为主为原则，开展教学质量管理活动，保证和提高教学质量。

（四）以人为本

教师是教育教学工作的主导者，学生是教育教学工作的主体，两者在高等职业教育中有

着重要的地位。因此,高等职业院校教学管理需要坚持“以人为本”的原则,即以人为中心,充分发挥全体教职工和学生的积极性与创造性。教学质量管理作为高等职业院校教学管理的核心内容,是人人参与的质量管理,是以人为中心的质量管理。在加强高等职业院校教学质量管理工作中,必须调动人的积极因素,充分发挥教师的主导作用和学生的主体作用,尤其是深刻认识新课改对学生主体地位的强调,调动学生学习的积极性和主动性,激发学生主动探索和实践创新的兴趣,变被动学习为主动学习,变“要学习”为“爱学习”,使提高教学质量成为广大师生的共同愿望。

(五)提高对教学质量管理基础工作的重视度

质量教育工作是教学质量管理基础工作的第一步,也是高等职业院校开展教学质量管理的“第一道工序”,只有加强高等职业院校全体人员的质量教育,增强质量意识,才能不断改进和提高工作质量,优化教学质量管理工作。质量责任制是教学质量基础工作的第二步,是教学质量管理工作的一项基础性内容,是教学质量管理体系的重要组成部分。高等职业院校必须制定和明确学校内各部门各类人员的质量责任,明晰他们在教学质量管理工作中的具体任务及应承担的责任和义务,将同教学质量有关的各项工作与每一个人的利益和责任心结合起来,形成一个严密的教学质量管理体系,从而改善高等职业院校教学质量管理工作,最终提高教学质量。质量信息是教学质量管理基础工作的第三步,其内容主要是反映教学过程中各个环节工作质量的原始记录、基本数据及各种信息资源。质量信息是教学质量管理不可缺少的重要依据,也是加强教学质量管理不可缺少的重要内容。

三、立足当下,建立教学质量保障和监控评价体系

高等职业院校应当构建科学有效的教学质量保障和监控体系,将教育教学的全过程保障在可控范围内,即从招生到就业的高等职业学生培养的全过程,努力推进课程建设和教学改革。

高等职业院校还应建立科学的质量评价体系。一方面是对教师教学质量的评价,应当涵盖理论和实践教学能力、业务能力、科研能力和创新能力等,全方位评价和衡量教师的教学质量;另一方面是对学生学习质量的评价,不应当仅仅局限于学生对知识掌握得多少、深浅上,应当涵盖理论知识学习能力、实践动手能力、思维创新能力,建立科学的考核机制和评价方式。

四、抓住实施环节,强化教学全过程的质量管理

教学运行质量管理是教学质量管理中最基本、最重要的一环。教学运行的质量管理是对师生相互配合的教学过程及其效果进行管理的活动过程,它包括制定课程标准、课堂教学的组织管理、实践教学的组织管理、日常教学管理、教学资源管理、教学档案管理等。

(一)制定课程标准

教学标准是对一门课程教学目标、教学内容及教学过程等环节的系统安排,是教师实施

教学的依据。建立科学完善的课程标准体系要求高等职业院校以职业岗位需求为导向，组织教师和专业人员共同对课程内容进行组合与拆分，根据学生的具体情况制定符合实际的课程标准，将高等职业院校的人才培养目标落到实处。特别是对实践、实训和实习的课程标准更应当引起重视，根据不同行业和企业的需求不断完善课程标准，从而为提高教学质量奠定坚实的基础。

（二）课堂教学的组织管理

课堂是教学活动的主要场所。课堂教学是教学活动和教学管理的主要形式，加强课堂教学的组织管理是做好教学质量管理工作的基本要求。这就要求高等职业院校对教师教学理念进行科学引导，树立以就业为导向，培养实用型、技能型、操作型的现代“工匠”的教学理念；还要求高等职业院校加强对课堂教学各环节的管理，如教师备课、教研活动、现场授课等环节，通过示范课、公开课、微型课等方式锻炼教师的教学水平和能力，不断提高教学质量，做好教学质量管理工作。

（三）实践教学的组织管理

实践性是高等职业教育区别于普通高等教育的突出特点，实践教学是高等职业院校教学过程中极其重要的环节，是实现高等职业教育培养目标的关键性步骤。首先要设立专门管理实践教学的机构部门，负责规划设计以就业为导向、以用人单位需要为依据的实践教学规划，协调利用高等职业院校和企业双方的教育环境与教育资源，实行课堂教学、科技研发及实际工作的有机结合。其次要建立实践教学的规章制度，严格规范实践教学过程的各个环节，制定科学的评价考核机制，打造“双师”教师和“双证”学生，充分发挥高等职业院校的实践优势。最后要建立实践教学的考核制度，严格把控实践教学的质量，将实践教学的管理工作落到实处。

（四）教学质量管理

教学质量管理是一个细水长流的工作，它涵盖教学过程和管理工作的方方面面，其中，日常教学管理尤为重要。其核心是对人才培养方案的严格实施，如教学运行表、课表、考试表等。同时还要加强教学检查的力度，通过对教学质量的高要求倒逼教学管理队伍，促进教学过程的规范化和高效化。

五、全方位进行课堂教学诊断和改进，提高教学质量

课堂是教师授课和学生学习的主要阵地，是教育教学过程中的一个重要环节。课堂教学的效果关系着学校的教学质量水平。然而，一个学校课堂教学效果的高低不可能通过一堂课做定论，因为一堂课中只能看到一些表浅的形式，教师的综合素养和教学的丰富内涵在课堂背后需要长时间的领会。高等职业院校要提高教学质量，就必须以改进课堂教学为中心，全方位多层次地努力，充实课堂教学的内容，丰富课堂教学的内涵，影响学生、启迪学生并感化学生。

（一）从宏观层面来看

课堂教学需要有高屋建瓴的大纲和框架，对教师授课起到提纲挈领的作用。因此，专业负责人在制定人才培养方案、专业课程标准、授课计划以及评价标准时，应先组织相关教职工到企业实地调研、考察和学习，与企业人员进行面对面沟通，了解企业和市场的需求，了解最新的产业动态，这样才能制定出符合需求的人才培养方案，实现宏观层面的改进，进而编制有效的课程标准及授课计划。

（二）从中观层面来看

教师是课堂教学的灵魂和主要执行者。因此，高等职业院校需要加强对教师的教学理念、教学方法、教学基本功等方面的培训，强化以学生为主体、教师为主导的教学理念，不仅要提升教师的专业知识、语言表达和课堂驾驭等综合能力，还要提高教师的实践能力和技术水平。另外，还要推动教师创造性地改进教学方法，充分运用信息技术，发挥手机、网络平台等在课堂内外的辅助学习作用，调动学生的学习兴趣和积极性。当然，信息技术只是工具和手段，教师应根据课程内容和学生特点选择合适的教学方式，避免为信息化而信息化、为活跃而活跃等现象出现。

（三）从微观层面来看

学校应当制定相关政策和制度激励同学科、同专业的教师之间相互听课、评课，共同组织教研并相互探讨教学方式、方法，以及在教学过程中空间和时间的合理利用。在此过程中取长补短，相互促进，从而提升教学能力，提高教学质量。在具体的教学任务方面，学校一般会对教师每学期要完成的听课任务进行节数上的规定，但不少教师只是为了完成任务而听课，没有起到诊断自身课堂教学，吸取他人经验来改进自身的作用。因此，建议高等职业院校以教研室为单位，要求每位教师每学期讲一次公开课，由教研室统一组织教师集体进行听课和评课，找出讲课者课堂教学中的优点和缺点。对于课堂教学效果较好的，大家相互借鉴、推广；对于课堂教学效果较差的，大家一起分析原因，找出问题所在，帮助其不断提高教学水平。

（四）从反馈层面来看

学生作为课堂教学的主体和教学的唯一对象，应当成为评价学校课堂教学的主要群体。因此，高等职业院校应正确引导学生评教，派专门的信息员每月定期收集全班学生对任课教师的意见和建议。为了保证信息员每月反馈的信息准确有效，可以组织对信息员的集中培训，再由信息员向学生集中讲解应从哪些方面来评价任课教师的教学情况。全体学生对任课教师的评价，可以分为期中和期末两次进行，其中，期中的评价结果应及时让教师看到，以便在后半学期的课堂教学中加以改进。而学生看到自己提出的问题得到了教师的重视且确实有所改进的话，也是一种极大的鼓励，从而产生师生之间的良性互动。

第三节　高等职业教学管理工作探索

高等职业院校的教学管理工作是整个教学系统正常运转的纽带和核心。它对学校的教育教学活动起着统一指挥和统筹协调的重要作用。高水平的教学管理能够促进高等职业院校的教学改革,提高教学质量,提升教学水平和教学效益,是实现高等职业院校人才培养目标的重要保证。

社会主义建设进入新时代以后,随着改革开放的不断深入,各行各业对实用型和创新型人才的需求量大大增加,高等职业院校的办学规模随之不断扩大。由此带来的教学内容和手段的不断更新及师生观念的不断变化,对高等职业院校教学管理工作提出了更高的要求。

一、高等职业院校教学管理工作的建议

(一)抓好“三项建设”工作

“三项建设”即专业建设、课程建设、“双师”型队伍建设和实训基地建设,是高等职业院校提高教育教学质量的基本保证和重要手段。“三项建设”工作直接关系到高等职业院校的人才培养质量,关系到高等职业院校教育教学目标的实现,关系到高等职业院校教学管理工作的顺利进行。其中,专业建设是龙头。只有争取引导和规划高等职业院校的专业建设,使专业结构和相应的产业结构成功对接,才能构建校企结合的教育模式,树立社会主义现代化建设所需要的、以就业为最终目的的质量观,培养出理论和实践结合、务实和创新兼备的复合型技术技能人才。实训基地建设是高等职业院校区别于其他普通高等职业院校的一项特色项目,它是培养学生动手能力和实践能力的专门场所,是学生实践书本知识的“实验室”,也是引领学生培养工作技能,为走向企业岗位打下坚实基础的必经之路。

(二)重视教学管理队伍建设

教学管理工作是提升教学质量的着力点,要提升教学管理水平,一支专业、可靠的教学管理队伍必不可少。教学管理者是高等职业院校教学管理规章制度的具体执行者和落实者,他们的素质和能力直接影响着高等职业院校教学管理工作的进程。因此,高等职业院校在抓好“三项建设”工作的同时,还应重视和抓好高等职业教学管理队伍建设。

首先,从思想上重视教学管理者的专业性,摒弃对教学管理工作的轻视和偏见,在进行教学管理岗位招聘时要根据岗位职责和需要选择符合该岗位要求的人,建设“专家型”教学管理队伍。“专家型”教学管理人员,不仅要具有良好的思想素质、协调能力,准确简洁、逻辑清晰的书面和口头表达能力,而且应该懂教学、懂管理、懂研究,全方位地为教学管理工作服务。

其次,教学管理队伍建设需要注重对教学管理者专业素质的培养,鼓励和支持他们进修高效教学管理学、计算机、文学等方面的专业知识,必要时为他们提供专门的培训机会,邀请

名校教学管理者交流和分享心得，方便他们学习和借鉴他人的优秀经验，提升自己的教学管理水平和综合素质。

最后，教学管理工作既不是什么人都能做好的，也不是什么岗位的工作都是一样的，高等职业院校应当尽可能地明确和细化教学管理各个岗位的职责，在权责分明的同时，以工作业绩作为导向，通过定期考核和奖惩制度调动教学管理者的热情，满足他们物质和精神的双重需求，从而提高全校的教学管理水平。

（三）加强师资队伍建设

教师是教育教学活动的主导者，高等职业院校的教师更是常年工作在第一线，他们了解学生的实际情况和需求，熟悉教学活动的各个环节和过程，相对于教学行政人员，对教学管理的优缺点有着更深刻和切实的体会。高等职业院校教学管理需要改变管理方法，加强师资队伍建设，让更多教师参与到教学管理工作中。这一方面可以使高等职业院校的教学管理制度和措施更加科学合理且有针对性；另一方面也提高了高等职业院校教学管理工作的透明度和民主性。

高等职业院校要充分发挥教师在教学管理工作中的作用，为教师创造参与教学管理重大决策制定和管理制度出台的机会，积极听取他们的合理建议和意见，激励教师主动参与学校工作，在这一过程中获得成功体验和归属感。在日常教学管理中，要相信教师的能力和水平，使他们在教学质量评价、教学过程监督、教学运行管理等方面发挥其组织能力、管理能力和服务意识，帮助教师在此过程中实现自我价值和意义。

（四）强化分级教学管理

简单来说，强化分级教学管理就是合理调整划分校院两级职权，将院（系、部）打造成具备一定自主管理能力的办学机构。院（系、部）往往处于教学的第一线，在管理教师和学生，推动教学目标实现和教学秩序良好运行方面起着非常重要的作用。

为了提高高等职业院校教学管理水平，实现有效的教学管理，高等职业院校应当打破各级之间的阻碍，根据校、院部二级管理的实际要求合理划分原有的管理机构，明确院长、教务处、人事处等职能部门的宏观规划职责和院（系、部）内部的资源分配权、教师聘任权、学生管理权等教学管理权力。只有这样，院（系、部）才能成为真正集教研、人事、财务、资源配置等职能于一身的具有一定自主管理能力的办学机构，在学校大政策和方向的指引下，在具体工作中创造性地开展一些教学活动，发挥院（系、部）在教学管理工作中的关键作用。

教学管理的中心是专业教研室。教师是教学活动的主导者，是教学计划和大纲的主要执行者，而教师的基本组织就是专业教研室，它是教学管理的实体性组织。高等职业院校应当将教学管理的中心特别是学术和学生管理的职能移交到专业教研室，使专业教研室成为教学管理工作的中心。这不仅能发挥每一位教师的能动性，增强教师在教学管理中的参与感，还能使高等职业院校的办学方向落到实处，贯彻到每一个教学环节和每一个教学单元中。

这种分级教学管理的模式更加适合高等职业院校的特点，满足高等职业教育的教学要求，提高教学管理水平，保证教学质量。

二、高等职业院校教学管理工作的策略

随着高等职业院校招生规模的不断扩大，导致一些教学管理方面的问题层出不穷，例如一些高等职业院校缺少科学统一的教学管理规范，没有明确各个部门的责任和义务，许多实行二级管理的高等职业院校甚至有自己的管理模式，从而导致教学管理过程中的混乱；又如教学管理工作的内容过多，任务量不断加大，相关高等职业院校管理人员的专业素质不够，大多依靠经验和习惯来进行管理，缺少建立健全的制度作为依据；再如教学管理观念和方式的转变跟不上时代发展的变化，完善的管理经验不能得到有效的利用和推广。

要解决以上三点问题，需要高等职业院校从制度化、数据化及教学管理深度改革三个方面完善教学管理工作。

（一）高等职业院校教学管理工作的制度化

1.高等职业院校可以利用法律法规进行制度化的教学管理

法律不仅仅是为了约束和制裁人的，完善的法律法规和高等职业院校的规章制度能够作为教学管理的重要依据，在千变万化的时代背景下犹如定海神针一般，为高等职业院校教学管理人员指明方向和道路。因此，建立更加完善的规章制度对教学进行管理，这是高等职业院校教学管理制度化的基础。

2.教学质量问题始终是教学管理工作的核心

高等职业院校的教学管理工作一定要构建起高质量的管理制度。只有在高质量管理制度的指导和保障下，才能保证教学质量，帮助高等职业院校适应我国社会经济的不断发展。

3.建设高质量的高等职业院校教学管理队伍

高等职业院校教学管理队伍的建设是从经验管理方式向制度管理方式的转变和发展，是高等职业院校教学管理制度化的综合体现。有了科学合理的人才选用制度，就能大大提高高等职业院校教学管理人员的综合素质，增强管理者的积极性和主动性，促进管理者之间良性竞争，从而提高教学管理水平。

（二）高等职业院校教学管理工作的数据化

1.庞大的信息储备是数据化的基石

高等职业院校教学管理的数据化必须重视数据信息系统的建设。国家政策曾明确指出要将我国高等职业院校的信息化建设提到首要位置。随着科学技术与信息网络的快速发展，大数据时代已经到来，面对铺天盖地而来的海量信息，高等职业院校的教学管理工作不能只是凭借经验和习惯，而是要重视决策的科学化。所谓科学化的决策手段，实际上就是通过信息技术对信息进行筛选和分析之后得出的结论，它需要数据信息作为基础。高等职业院校只有充分利用科学技术，才能建立起完善的高等职业院校数据系统，从而进入高等职业

院校教学管理的信息化时代。当然，高等职业院校数据系统的建立不能只依靠学校来独立完成，它还涉及学校管理的各个方面，因此，需要政府及相关部门给予相应的支持与高度的重视，让数据系统的建设提高到学校发展的战略地位。

2. 对数据的科学处理和分析

高等职业院校数据系统建立的主要目的是给学校管理者提供相关方面的政策支持和决策建议，提高决策的科学性，提升学校的教学管理能力。也就是说，丰富多样的数据是数据系统建设的关键，也是最难的部分，这是由于数据系统的数据内容日益多元化，在收集的过程中困难重重并且收集范围也较为广泛，因此对于收集的范围不能只是局限于学校内部资料，还应结合国家政府的政策与方针，从不同的渠道进行收集，这样才能确保数据资源的多元化与完整性。

收集来的资料也并不是完全可用，还要经过一系列的筛选，将具有一定价值的资料进行妥善的保存以便之后的使用。同时，管理者要根据相关的政策来进行教学管理任务的实施，只有合理地运用相关政策与法律才能为制度的建立提供更多的数据支持。

3. 培养高等职业院校教学管理数据化的专业型人才

信息技术和网络方面的专业人才供不应求，高等职业院校的数据化管理人才更是凤毛麟角。如何培养高等职业院校教学管理数据化的专业型人才，已经成为众多高等职业院校在数据化过程中面临的共同问题，严重影响到了高等职业院校未来的发展。为了解决这一问题，学校及相关部门必须加大对高素质综合人才和开拓创新人才的培养，在人才培养的过程中政府还要给予资金及政策上的大力支持，学校也应该为其提供良好的教育环境与资源，以便培养符合高等职业院校教学管理数据化的专业型人才，让人才反哺学校，加快推进学校的教学管理水平。

数据化管理人才的培养需要循序渐进、一层一层地向前推进，需要坚持理论与实践相结合、相统一的教学原则。首先是对创新型人才的培养，是培养对事情有高度敏锐性、观念开放、思维灵活、人格特征鲜明、有很强的独立性与创新能力的优秀人才。其次是培养实用型人才，这是高等职业院校人才培养的关键和重点，这就需要对数据化管理人才进行合理的分层次培养，从而提高高等职业院校的数据化管理能力。最后是培养基础型人才，全面提高管理人员的综合素质，让各部门的管理人员都能以认真负责的态度对待每一项工作。

高等职业院校教学管理的制度化与数据化是一项十分复杂的工程，也是一项具有前瞻性和科学性的发展策略。但同时，这一策略在实施的过程中也会遇到很多的困难，只要高等职业院校在教学管理的制度化与数据化工作中严格按照制度与规则进行，将每一个问题都落到实处，就一定会取得满意的效果。

（三）高等职业院校教学管理工作的深度改革

近年来受到诸多因素的影响，在高等职业院校的教育教学管理工作中出现了很多教学管理方面的问题，这些问题制约着教学管理效果和教育教学质量的保证，难以满足当前时代发展的需求。

1. 高等职业院校教学管理进行深度改革的意义

(1)进行高等职业院校教学管理工作的深度改革有助于提升学校的教育工作质量

在高等职业院校实际发展的过程中开展教学管理的深度改革,可以引导教师在教育教学的过程中树立正确的教学观念,端正自己的教学态度,不断充实自己的教学内容、改进自己的教学方式与加大教学模式的改革力度,在课堂教学水平提升方面互帮互助,总结以往教学工作的经验和教训,采取有效的措施开展各式各样的教学创新活动,通过高质量、高水平的教学方式培养社会需要的复合型技术技能人才,从根本上提升高等职业院校的教育教学工作质量。

在传统的高等职业教育教学的工作中,教师的教学理念过于传统,课堂教学方式过于单一,教师不是按照学生的学习和发展需求设计课堂教学模式,而是按部就班地根据教材的内容进行授课。开展高等职业院校教学管理深度改革工作以后,可以优化高等职业院校的课堂教学模式,督促教师不断根据高等职业教育的要求和高等职业学生的特点改善自身的教育工作方式,打造优质课堂,提升整体的教学质量。

(2)进行高等职业院校教学管理工作的深度改革有助于优化教师的课程结构

高等职业院校教育教学工作虽然已经开始注重调整课程结构,但过于强调学科本位、科目数量较多、课程之间缺乏互通与整合、课程与课时比例的设置不合理等问题仍然存在,因此课程结构仍然缺乏合理性。而在开展高等职业教育教学管理工作改革以后,就可以根据课程改革的要求,对课程结构进行优化处理,按照各个专业和各个班级的特点,调整课程门类与课时比例,设置一些综合性的必修课程,尽力满足不同专业学生的不同发展需求。

(3)进行高等职业院校教学管理工作的深度改革有助于满足社会发展要求

就当前形势来看,高等职业院校的教育和国家经济社会的发展存在着直接的联系。那么,面临着我国经济结构逐渐优化、经济增长形式逐渐发生改变的关键时期,各行各业对复合型技术技能人才的需求量逐渐增多,无论是在经济发展,还是在推动科技创新的过程中都离不开技能型人才,如果缺少了他们的支持,社会发展对人才的需求就不能得到有力的保障。而在开展高等职业院校教育教学管理深度改革的过程中,可以落脚于社会对复合型技术技能人才的需求量上,针对专业的教育工作进行管理,为社会培养出更多优秀的实用型和技能型人才,努力满足社会发展的要求。

(4)进行高等职业院校教学管理工作的深度改革有助于提升高等职业院校的教育教学管理水平

在传统的教育教学管理工作中,高等职业院校的教育教学工作由于受到诸多因素的影响还存在很多问题,不仅不能确保教育教学质量始终如一,甚至还会出现一些缺陷和不足之处,而无法保证教育教学质量的课堂教学,对高等职业院校长远发展会造成十分不利的影响。在高等职业院校的实际发展过程中,强化教育教学管理的改革力度,可以促使人们及时发现日常的教育教学工作问题，根据问题制定完善的管理方案，遵循科学的教育规律和工作原则，采用针对性的管理手段弥补缺漏，进而能够有效提升高等职业院校的教育教学管理水平。

2.高等职业院校教学管理进行深度改革的要点

(1)在进行高等职业院校教学管理时要遵循教育的规律性

为了确保高等职业院校教学管理深度改革各方面的改革效果，应该遵循一般性、特殊性与应用性的教育规律，有效开展教育教学管理的深度改革工作。遵循一般性的发展规律，就是要注重高等职业院校教育教学管理工作与社会政治、经济、文化等发展领域相适应。遵循特殊性的发展规律，就是指高等职业院校的教育教学管理工作要和企业之间相互联系，依据不同企业不同岗位不同工作的特点，做好教育教学管理改革工作，争取培养出职业能力强、综合素质高、应变能力强的高等职业教育人才队伍。与此同时，高等职业院校还需要制定完善的教育教学管理体系，树立“以人为本”，以学生为主体的教育观念，构建具有创新性和多元化特点的新时代教育工作模式。注重应用性的发展规律就是要以就业为导向，按照社会与各行各业的人才需求量合理设置专业与课程，培养国家和社会真正需要的技能型人才。

(2)在进行高等职业院校教学管理时要遵循素质教育

高等职业院校是高等教育的重要组成部分，其教育目标也是要培养德、智、体、美、劳全面发展的高素质人才。尽管目前部分高等职业院校在教育教学管理的过程中已经开始注重技能教育，但他们仍然只是简单地将高等职业教育看作是一种职业培训，认为只要培养学生掌握了所学专业的相关技能，学校就算是完成了教育任务。这种错误的认知和做法导致学校与教师在教育教学管理的工作中，过于重视学生专业技能的学习，而忽略了学生专业素养和综合素质的培养与提高，难以确保教育教学管理的效果。

在这种情况下，高等职业院校在日常的教育教学管理工作中必须要改变传统的工作观念，不能只重视学生专业技能的学习，而应当认识到素质教育的重要性。在培养学生基础知识和专业技能的同时，注重学生综合素养的提升，将对学生的素质教育作为高等职业教育首要的工作任务，制订完善的素质教育计划，在各门专业课程中融入思想政治内容和德育教育内容，并通过现代学徒制、现场实践操作教育指导等形式提升学生的职业素养和道德水平，提升学生各方面的综合素质，满足当前时代发展的需求。

(3)在进行高等职业院校教学管理时注重学生的主体性

在高等职业院校教育教学管理改革的过程中，学校应该将学生作为教育教学工作的主体，注重学生的个性发展，采取有效的措施培养学生的专业素质与综合素养，提高学生的职业技能和在相应岗位上的工作能力与适应能力，提升学生毕业后的职业竞争力。首先，高等职业院校教学管理的改革应该以调查和研究学生的专业发展需求为出发点，按照各个专业学生的专业发展特点、相应岗位的人才需求等信息，合理地设计教育管理工作模式，遵循以人为本的原则，在满足学生发展需求的同时，争取学生的配合，激发学生的主动性和积极性。

最后，教育教学管理改革工作还需要督促教师改进自己惯用的传统教学方式、方法，制订完善的教育教学计划，认识到学生在教学中的主体地位，为学生营造开放包容的学习环境和氛围，尊重学生，引导学习，服务实践，在尊重、引导、服务的过程中有序地开展教学工作。

3.深化高等职业院校教学管理改革的内涵

(1)强化德育教育管理的改革力度

现在的高等职业学生都是在全国统一高考以成绩论英雄的环境下成长起来的，小学、中学的德育教育主要是满足考试答题需要，“三观”教育还存在很大缺失，为确保高等职业院校德育管理效果，高等职业院校教学管理改革过程中必须制定完善的管理方案，加强各方面的改革，满足当前素质教育的基本需要。

首先，高等职业院校要建立完善的德育管理机制，学校主要领导要主动承担全校德育教育的第一责任，相关领导和部门负责人要承担德育教育的具体责任，全校教职工要形成为党育才、为国育人的共识，真正将德育摆在全面发展的第一位。

其次，要按规定开足思政课，要培养一批高素质的思政课教师队伍，要打造一批高质量的精品课程，要将马克思列宁主义、毛泽东思想、中国特色社会主义理论、习近平新时代中国特色社会主义思想进教材、进课堂、进头脑。

再次，要扎实抓好课程思政，每一门基础课、专业课、理论课、实训课、实习课都要有思政元素，也就是说德育工作的责任不能局限于辅导员和思想政治教师，而是要将德育理念渗透到每个专业的教学中，做到劲往一处使，润物细无声。

最后，在高等职业院校的实际发展过程中，要遵循德育管理改革的科学原则，理清德育内容、制度和机制是否科学，了解德育工作是否存在问题，并提出相应的对策，提出德育创新与改革的建议，旨在为提高德育水平提供帮助。

(2)强化课程管理改革力度

我国大多数高等职业院校都是公办学校，其专业设置和课程设计都是由国家相关部门统一决定的。随着高等职业院校社会化管理等相关政策的出台，加之高等职业院校管理运行机制的转变，学校自主进行专业设置的权利开始扩大。

高等职业院校在设置专业和课程的过程中，首先应当按照社会对人才的需求情况，将培养学生的职业技能和综合素养作为出发点，设置与岗位要求相匹配的技能训练课程、职业教育课程。高等职业院校的课程内容不再只是局限于理论知识，而是要确保理论与实践操作相互配合、相互协调，培养具有较高等职业业技能水平和较高等职业业道德素养的高等专业技术人才。改革课程管理，还需要高等职业院校在设置课程的过程中，结合所属行业的产业结构及当前社会发展情况等，与时俱进地更新课程中的专业知识和实践操作技能，灵活设计课程体系，不断改善当前的课程教育工作现状。尤其是在设置所学专业主要课程的过程中，高等职业院校还需要将课程内容与学生的职业资格证书考试、岗位工作能力等相互联系，确保通过课程教学培养能够上岗就业、为社会发展创造价值的实用型人才。

(3)加大对教学模式管理的改革力度

高等职业院校要做好教学模式管理改革,切实做好教学模式管理的工作。

一是在教学模式管理过程中,注重对学生专业能力的培养,根据岗位工作的人才需求,将一般知识和专业技能融入教学模式,有效培养学生的实际操作能力。教学模式要求基础课应以课堂教学为主体,操作与试验为辅助。在专业教学模式中,将基础课程理论与技能训练相结合,为学生掌握相关专业技能提供更多的动手操作机会。

二是在建立教学模式的过程中,要注重对学生技能的培养,引导学生学习和掌握与岗位工作有关的新知识、新技术,树立良好的职业观念,端正自己的心态,充分认识到遵守规章制度、学习先进技术在今后的岗位工作中的重要性。

三是在实践教学模式管理过程中,要统一指导思想,全面开展技能教育、职业教育和职业能力教育管理活动,形成良好的工作理念。

四是根据各专业发展特点,将理论、技能和创新教育有机结合起来,明确教学模式是否存在问题和不足,并提出相应的整改建议。需要指出的是,在日常的教学管理工作中,也需要不断总结经验,积极借鉴国内外高等职业院校先进的教学模式管理方法,不断提高各方面的工作水平。

(4)强化教材管理的改革力度

教材的管理在高等职业院校的教育教学管理工作中十分重要,高等职业院校只有严格开展教材管理工作,才能有效开展人才培养工作。因此,要强化高等职业院校教材管理的改革力度,确保教材管理工作的科学性和有效性。

首先,教材建设管理工作要纳入学校重要工作的管理范围,领导重视,教务统筹,专业自主,保证高等职业院校中的课程内容不落伍于时代,能够与时代接轨,满足与时俱进的社会发展需求。

其次,教材建设管理工作要遵循社会化的原则,无论是由书店统一进行招标,还是由书店直接为学生供应教材的方式,都必须要保证教材内容符合社会对人才各方面能力的要求,必须与学生所学专业对应的岗位工作互相契合,防止出现教材内容和人才培养目标及社会实际需要脱节的情况。

最后,教材管理改革应该制定完善的教材调剂工作机制,利用计算机网络系统共享信息,保证每个部门都可以与负责教材调剂的工作人员相互沟通交流,确保教材的合理配置与供应。

4.深化高等职业院校教学管理改革的策略和途径

(1)深化改革需要构建完善的管理体系

为了保证教育教学管理改革各方面的有效开展,应该构建一个更加完善的管理体系,并形成良好的组织保障系统。

一是构建决策系统、日常教育工作落实、教育信息反馈等制度,确保教学管理的完整性和系统性，全面提高教学管理水平。

二是要建立教学决策相关子系统，全面监督日常教育决策，明确专业课程决策和教材内容决策的可行性，及时发现教学决策中存在的问题，并采取有效措施解决问题；要构建教学实施子系统，开展教学实施的监督控制活动，明确教学实施中是否存在问题，提出相应的改进和处理建议；同时，为提高教育教学的整体水平，还应构建完善的教育教学监控子系统，针对教师的教学情况、日常教育管理等进行综合监督管理，形成优化的管理机制。

三是要注意日常工作中存在的问题，提高教学质量，并提出相应的教学质量措施。

(2)深化改革需要健全教学管理的制度

在高等职业院校教学管理深化改革的过程中，完善相关制度可以有效规范教学工作行为，提高教育管理水平。高等职业院校在制定相应的教育教学管理制度过程中，要注重创造灵活的管理模式，构建激励机制和约束机制，转变传统的制度形式，提高相关管理制度的现代化、科学化水平，创新制度内容，从根本上实现教育教学管理的目的。

一方面，高等职业院校有关部门应制定灵活的管理制度，给教师留下足够的发展空间，调动教师教学创新的积极性，从而提高高等职业院校教学工作质量；另一方面，在制度制定过程中，要适应素质教育和创新教育的要求，严格分析现行规章制度，及时发现制度中存在的问题和不足，做好修订完善工作，在完善和统一相关管理模式的前提下，突出管理工作的多元化特点，改变传统的刚性管理模式，形成柔性管理模式。

(3)深化改革需要构建特色教学管理机制作为保障

高等职业院校的教育目的就是要为学校所在区域的经济发展提供服务，培养出社会发展需要的高等专业技术人才。在这一目标的引领下，高等职业院校的教育教学管理改革需要全面考虑到当地的经济发展需求和产业结构，根据实际情况整合既有的教育资源，联合地域性的优势和特色，创建具有地方特色的教育教学管理机制，更好地为社会经济发展提供服务。

第一，高等职业院校在实际工作中不能闭门造车，应该时刻学会眺望窗外，结合社会经济发展的实际需求开展教育教学管理改革，专门调查研究当地市场的人才需求，并以此为依据合理设置学科，尽可能地打造出特色的优势专业，培养出符合我国社会经济发展需要的优秀人才。

第二，高等职业院校在改革过程中也应该充分借助当地的地域优势和各种自然资源，开设具有地方特色的专业，设置个性化的定制课程内容，注重科技成果在教育工作中的转化，强化教育科研和学术钻研力度，使产学研有机结合在一起。在大力培养社会经济发展需要的优秀人才的情况下，与当地区域发展相互适应，在有效培养技能型人才的情况下，促进区域经济的快速发展和进步。

(4)深化改革需要高等职业院校构建完善的考核评价机制

要在高等职业院校教育教学管理的实际工作中建立完善的评价机制，全面开展对教学质量、学生素质、学校教育状况、教师状况等方面的评价工作。通过客观评价，真实反映学校的教育教学管理状况，并明确改革过程中是否存在问题和不足，根据出现的不足采取相应的对策查漏补缺，从根本上提高教育教学管理的水平。

首先，要以建立教学质量评价体系为重点，开展科学、系统、可操作的评价活动，采取学生评价、教师评价、管理评价等形式，达到综合评价教学质量的目的。

其次，要建立以学生为主体的学生素质发展评价机制，重点评价学生的创新能力、职业能力、道德素质等，促进教学管理的发展。

最后，要借助社会力量来评价高等职业院校的教学状况，以发现教育体系和教育模式中存在的问题，发现与兄弟院校的教学差距，发现与社会需求的距离，便于制订完善的教学指导工作计划，确保各方面教育管理活动能够有效开展。

第六章　高等职业教育管理理论与模式创新

第一节　高等职业教育管理目标制定与实施

高等职业教育管理有其特定的目标和内容。了解高等职业教育管理目标的制定与实施，明确高等职业教育管理的内容，对于实行科学管理，提高管理效率，具有十分重要的意义。

一、高等职业教育管理目标的制定

使某种预先设定好的目标得以实现是一切活动和工作管理的最终目的。要想使管理效能得到提高，必须有明确的目标。高等职业院校的管理者只有对高等职业教育管理目标加以正确认识和正确制定才能够做好管理工作。

（一）高等职业教育管理目标的内涵

高等职业教育管理目标，是高等职业院校管理活动在一定时期内所要达到的目的和结果。高等职业院校各级管理者在管理学校的过程中，依据高等职业教育的发展规律和学校实际，遵循科学的管理原则，运用先进的管理手段，对学校的人力、物力、财力、时间、信息等进行有效的管理，使之发挥最大的效益，从而全面地、完善地实现教育目标。管理目标除了具有一般目标的特性外，还有其系统性、竞争性、适应性、科学性这些特征。

一所高等职业院校有许多人员，干部、学生、职工和教师的数量众多，只有将全体人员协调的统一在教育活动中才能够使专业技术人才高质量培养的任务得到完美实现。这就要求院校内对相应的管理机构进行建立，以此来进行一系列的管理活动。一所高等职业院校有许多的人员层次和分工，但他们拥有一致的目标。院校之中的各单位、部门的成员应当以一致的步调协同合作，只有这样高等职业院校的教学目标才能实现，因此，院校管理工作需要拥有一致的总目标。在院校总目标的基础上，各单位和部门要对自己的具体目标进行制定，使院校目标管理系统得以形成。

高等职业院校的各种工作，归纳起来无非有两个方面，即教育工作和管理工作。在院校的目标系统中，教育目标与管理目标是既有区别又有联系的两个侧面，它们是相互依存、相互作用、相辅相成的。教育目标是制定管理目标的前提和依据，管理目标是为实现教育目标服务的；而教育目标的实现，必须以管理目标的实现为条件。因此，确定高等职业院校的管理目标必须根据教育方针和战略目标、学校的教育目标及主客观条件，使管理目标既符合教育规律，又符合管理的一般原理。

(二)高等职业教育管理目标的制定依据

高等职业教育的管理工作,首要的任务是提出和制定管理目标,这是整个管理活动过程的关键。要使管理目标科学合理,主要依据有以下四个方面。

1. 方针政策和上级指示

党和国家的有关方针、政策,以及教育部和上级领导部门对高等职业教育工作的指示,是制定高等职业教育管理目标的主要依据。因此,在制定高等职业教育管理目标时,各级管理人员要认真学习有关方针政策,准确领会上级指示精神。

2. 科学理论

高等职业教育管理是以多种科学理论的运用为基础的。科学理论是客观事物的本质及其规律的正确反映,制定管理目标,必须以反映客观规律的有关科学理论为依据。高等职业教育管理是管理科学在高等职业教育这个具体领域的应用,在制定管理目标时还必须以管理科学理论作为指导。同时还要研究高等职业教育与当前政治经济关系的科学理论,要遵循教育学、心理学等科学理论。

3. 未来预测

目标总是指向未来的,掌握了事物发展动向,就能使目标具有预见性。因此,高等职业教育管理目标的制定,必须建立在对未来情况科学预测的基础上,管理人员要经常调查研究,亲自掌握和分析各种信息、情报资料,预测未来的发展趋势。预测现在已经成为一门专业学科,管理人员要研究和运用各种有效的预测方法和技术,为制定目标服务。只凭管理者的主观经验和个人印象,不做科学预测而提出的目标,往往不会对管理实践产生显著的指导意义。

4. 实际条件

目标既要指向未来,又要立足于现实发展的基础上。制定目标,要坚持实事求是的思想路线,从现有的主客观实际条件出发,这是唯物主义的目标观。高等职业教育管理目标,不是管理者的主观愿望,只有立足于现实基础、面向未来的目标,才具有指向和推动作用,才具有可行性价值。目标不能过高或过低,以经过管理者和组织成员的努力能达到为原则,掌握在“跳一跳,够得到”的程度上。因此,在制定目标时,要做好两方面的工作:一方面要客观地总结过去的工作,即总结过去的工作内容、工作结果、经验教训等;另一方面要认真调查研究,科学地分析高等职业院校人力、物力、财力等现实条件和有关制约因素,充分利用有利条件,发挥优势,扬长补短。

(三)高等职业教育管理目标的基本内容

高等职业教育管理目标的基本内容,就是高等职业院校的教育效益在一定时期内所要达到的标准和规格。高等职业院校的教育效益包括社会效益和经济效益,效益的标准和规格是通过高等职业院校的教育活动反映的,表现在教育消耗以及培养人才的数量和质量上。高等职业教育管理一方面要采用合理、经济的方法和途径,尽量减少对人力、物力、财力的浪费和消耗,提高教育投资的使用效率;另一方面要确保所培养人才的数量和质量,具体而言,管理目标的基本内容包括以下三个方面。

1. 提高学生的政治素质

思想政治工作是高等职业院校完成一切工作的重要保证，是坚持社会主义办学方向的显著标志。高等职业院校担负着培养“有理想、有道德、有文化、有纪律”的专门人才的重要任务，为实现培养目标，高等职业院校必须切实加强和改进思想政治教育，探索和掌握新时期思想政治工作的特点和规律，进行有效的科学管理，把思想政治工作提高到一个新水平。

2. 提高教学质量

提高教学质量是高等职业教育管理的核心。教学质量管理是采用科学的手段和方法，对教学过程进行全面设计、组织实施、检查分析，以保证在教学进行过程中能够达到预期效果。提高教学质量必须从全局出发，从整体上处理好教学过程中的各种问题；使学生成为德智体美劳全面发展的优秀合格人才；紧紧围绕教学，尤其是实践教学，大力抓好科学研究工作；加强对全体教职员工的培养，提高他们的政治素质和业务能力，通过他们的模范工作和表率作用来教育和影响学生；注意研究和改革教学制度、招生、教学大纲、教材、教学方法、教学过程等各个环节。

3. 提高服务质量

高等职业院校的教学和后勤保障工作，必须坚持以教学为中心，明确树立为教学服务的思想，充分调动管理人员和保障人员的积极性，贯彻勤俭办校的原则，充分发挥现有设备、仪器、物资、财力的作用，健全服务保障制度，实施科学管理，提高保障能力。

以上三个方面，彼此互相联系、互相制约。对这些目标的内容，应有明确的要求，合理的定量、定时、定性指标和落实考核措施。

（四）高等职业教育管理目标的制定要求

制定管理目标，就是确定使用何种手段达到何种目的。一般而言，管理目标应符合以下五点要求。

1. 关键性

高等职业教育工作千头万绪，管理者应当运用预测和决策技术，在众多复杂的工作中，抓住最重要、最关键的工作，制定关键性管理目标。关键性目标应是为开拓今后的工作新成就而设置的战略性目标；应是重点任务，而不应面面俱到；应体现为教学服务，以教学为中心；应是本级决策的事情，而不是下级的事情。

2. 先进性

管理目标是人们为之奋斗的方向，因此，必须具有先进性。先进性就是制定目标的起点要高一些，目标应具有吸引力和感召力，能调动人们的积极性，挖掘潜力，为实现目标而奋斗。目标既不能过低，也不能太高；偏低了无意义，偏高了脱离客观实际，无从实现；既要高于现状，但也不是高高在上；目标只有通过努力才能达到，不是轻而易举达到，也不是竭尽全力也达不到。

3. 可行性

可行性是指所定目标的实现条件是基本具备的，经过努力，目标是可以如期实现的。制定目标必须充分考虑到本单位客观条件、群众基础情况，要充分估计可能遇到的困难和制约因素。不可能实现的目标,与其有还不如无。因为这种目标不但不能鼓舞人,而且容易挫伤人的积极性。正确科学的管理目标,应该是先进性和可行性统一的,应该是尽力而为和量力而行的有机结合,目标高度适宜,达到目标的难易适中。

4. 具体性

管理目标,作为管理工作的方向,必须明确具体,不能抽象空洞,模糊不清。在含义上只能有一种理解,不能有多种解释,使执行者有明确的概念;在内容上必须具体,对人们的工作结果有明确的标准和规格要求,了解目标的本质特性和在目标体系中的具体位置。但是,管理目标不同于工作安排,管理目标应该把具体性和概括性统一起来。

5. 时限性

时限性就是达到目标要有明确的时限要求,到了规定的时限,就要及时检查、评估、奖惩。实现目标的时限不能有伸缩,否则,就可能造成"因循坐误",失去工作意义,从而降低目标的价值。

二、高等职业教育管理目标的实施

高等职业教育管理目标制定以后,就要运用目标进行管理,管理者必须把目标的确定与达到目标所进行的一系列管理职能活动有机结合起来。下面将探讨管理者在运用管理目标的过程中必须抓的四个环节及实现管理目标的两种方式。

(一)运用管理目标必须重视的环节

1. 环节一:客观地衡量目标成效的数量标准

运用目标进行管理的实质,在于把确定目标与实现目标有机地结合起来。在这个过程中,对每个部门、个人的评价,一定要与他们实现目标的实际成效联系起来。因此,必须有一套科学的数量标准。这个标准至少要具备以下三方面内容。

第一,要有明确、具体的目标标准。这个标准是对管理目标内容的衡量尺度,如教案书写质量高的标准;为教学第一线服务好的标准;机关为基层服务好的标准等。

第二,目标标准要定量化、指标化、等级化。目标标准要尽量做到定量化、指标化、等级化,但是,有些工作的质量如何,往往难以量化,还有些目标不能用数量表示。例如,提高学生的思想觉悟、加强精神文明建设等,很难用数量衡量,这时就需要详细说明,尽量使含义具体化。在评定时,充分发挥集体评定、专家评定和群众评定的作用,力求全面、准确、客观地看待问题。

第三,要有具体的衡量考核方法。对目标成效的衡量,要有具体的考核检查方法,克服主观印象或以偏概全的弊病。

2. 环节二:形成整体合一的工作目标

高等职业院校各层次、各部门的目标能否做到整体合一是提高管理成效的关键。各部门、各层次的目标与学校总体目标吻合、一致,目标成效肯定就好;各部门、各层次的目标偏离学校总体目标,目标成效就不好;各部门、各层次的目标与学校总体目标不一致,目标成效就接近于零;各部门、各层次的目标背离学校总体目标,工作将无法进行。

学校各层次、各部门要形成整体合一的目标，除了用整体思想来教育全体人员外，管理者还要加强两方面的工作。一方面，在决策总体目标时，要尽量号召有关部门的成员参与。让人参与会提高人的热情，这样制定的整体目标更容易得到共同认可，更有群众基础，而且能有效地确定各层次、各部门的责任，以此作为推动工作，衡量评价成绩、贡献大小的尺度。另一方面，在制定目标时，要明确三项内容。即明确工作内容和工作要求；明确工作范围和工作时间；明确目标成效评价标准。这样制定的目标，就能做到整体合一，上下协调，要求明确，责任清楚，全体形成合力，取得良好管理成效。

3.环节三：科学地排列目标的先后次序

管理者制定目标时，不仅要致力于使各部门的目标与总体目标相一致，而且要在多项目标中选择并规定出主目标和次目标，排列出实施目标的先后次序。一所高等职业院校有许多部门，每个部门里又有多个层次和多种多样的工作，每项工作有着不同的目标。在这众多的目标中，有些目标在一定时期内实现，相对而言要比实现其他目标更为重要，管理者应进行通盘分析，分清轻重缓急，统筹兼顾、全面安排，找出主、次目标，确定实施次序、步骤、途径和手段。确定管理工作的主目标、次目标及其先后次序，是一种判断性决策。管理者只有在认清总的形势和自己面临的任务，分析透各项目标的地位、价值及其相互间的关系的前提下，才能做出科学正确的选择。

4.环节四：注重数量统计和数据分析

运用目标进行管理的过程中，必须真实地、适时地做好数据统计和数据分析。通过数据的定量分析，可以客观地指出工作质量上的差异规律，找出问题和原因。这项工作的基本要求有四点。

第一，要充分利用统计数字。统计数字是统计分析的基础，在整个分析过程中要自始至终利用统计数字说话。

第二，要采用科学的分析方法。数量统计分析的目的，是发现问题、揭露矛盾、分析原因、研究规律，这就有一个怎样科学地利用统计数字进行分析的方法问题。用统计数字分析研究的方法很多。例如，对比分析法、分组分析法、联系分析法、结构分析法、动态分析法等。管理者可根据问题的不同性质采用适合的分析方法。

第三，统计分析要与具体情况相结合。统计分析的目的在于解决实际问题。进行数据分析，除了搜集掌握必要的统计数字之外，还需搜集掌握必要的业务活动情况。做到把数字分析与具体情况紧密结合起来，才能真正揭示事物的本质和特征。

第四，要注意可比性。可比性是指用来对比的两个统计指标是否符合所研究任务的要求，对比的是否合理，对比的结果能否说明问题。首先，对比同名指标的口径范围、计算方法、计量单位必须一致；其次，对比指标的性质必须一致；最后，对比指标的类型必须一致。当然，有些情况下，两个指标虽然不可比，但经过调整和处理后，仍然有可比的意义。

（二）高等职业教育管理目标的实现方式

高等职业教育管理目标的制定，仅仅是管理活动的开始。有了正确的目标，还要努力实现，否则，再好的管理目标，也没有实际意义。实现管理目标的基本方式有两种：一是计划管理，二是目标管理。可根据本单位的具体情况，采用其中的一种方式或兼用两种方式。

1.计划管理方式

计划管理是指管理者以制订计划和实现计划为手段达到管理目的的一种管理方式。计划管理的做法大体上分为四步。一是制订计划。制订计划要考虑到三个方面的问题：计划的各项指标要能反映和体现总目标的要求；要预测在实现计划指标的过程中可能出现哪些因素的影响，其中包括内部因素和外部因素、有利因素和不利因素；根据现有条件和未来发展，提出达到目标的具体措施和步骤。二是实施计划。实施计划是通过组织、指导、协调和教育激励等活动落实计划。三是检查。检查既是掌握计划落实情况，又是对计划正确性的检验，以便及时发现问题、解决问题。四是总结。是对这个计划管理过程进行评估，找出经验教训，制定改进措施，反馈于下一个计划管理过程。

计划管理适用于外部干扰较小，内部抗干扰能力较强，工作程序比较稳定的工作系统。如高等职业院校的教学工作管理、政治教育工作管理等，多采用计划管理。计划管理可分为两种，一种是开环计划管理；另一种是闭环计划管理。

(1)开环计划管理

开环计划管理的前提是外部环境和本工作系统未来发展趋势具有完全的确定性。它适用于以下两种情况：第一，认为工作过程中各种干扰影响并不存在；第二，即使干扰存在，本工作系统也可以完全不受干扰的影响。这种管理的有效性取决于前提与实际情况的吻合程度。如高等职业院校的课程进度、教学保障、作息时间等，一般都是硬性的、具有法定作用的开环计划管理。

(2)闭环计划管理

闭环计划管理的前提是外部环境与本工作系统发展趋势有一大部分是确定的，但也不排除存在一些未知因素，会使本系统偏离计划的轨线。因此，采用反馈，以计划为依据来检查监督各子系统，发现与计划不吻合的地方，及时采取措施进行调整。如高等职业院校的年度教学工作计划、物资采购计划等，均属闭环计划。

计划管理虽然具有不可否定的优越性，但也存在着一定的局限性，一方面，计划管理的灵活性较差，计划一旦发布实施，就不能轻易改变；另一方面，执行者的自主权较小，计划对工作的内容、程序、标准、规定得很具体，一般情况执行者是不得随意变更的，这样就在一定程度上限制了执行者的主动性和积极性。例如，高等职业院校工作中，有一些较具体、较直接的工作，以及干扰较大、工作程序不太稳定的管理活动，如大的教学改革、较复杂的科研工作、教师队伍的调配等，对未来可能会遇到的干扰因素很难完全预料，有时因形势变化还要对目标做出改变，这样一来，就要打乱原先的计划，并重新制订计划。这个过程就会给工作带来不必要的损失。

2.目标管理方式

目标管理是管理者以确定目标和实现目标为手段，达到管理目的的一种管理方式。它以制定目标作为管理工作的起点；然后再建立整体合一的目标体系；在实现目标的过程中，以目标为准，协调各层次各部门的关系；最后以目标来评估结果。它是一种民主的、科学的管理方法，特别适用于对管理人员的管理，被称为“管理中的管理”。

目标管理一般分四个步骤：一是制定总的目标；二是分解目标，根据已确定的高等职业院校总目标，层层分解，落实到各个部门和每个成员，形成目标体系；三是实现目标，放手让各个组织和成员发挥自己的才智，主动达到目标，上级虽检查指导下级的工作，但不干涉下级的具体活动；四是结果评估，对达到的结果进行分析、评议。

目标管理强调工作的目的性、管理的自我性、个人的创造性。它的最大特征是上级管“工作内容”，下级管“工作方式”。在实现目标过程中，上级不干涉下级的具体措施和方法，放手让下级处理工作中出现的问题，进行自我控制。它可以最大限度地调动人们的积极性和创造性，为实现目标各显其能，各尽其责。

目标管理适用于环境干扰较大，工作程序稳定性较差的工作系统。如高等职业院校的教学改革、科学研究、教员队伍培养等工作都可采用目标管理。

目标管理也有一定的局限性，主要表现在：一是目标的实现受个人素质水平的影响比较大；二是当局部与全局发生矛盾时，容易出现偏重局部目标实现的现象；三是容易追求数量化的标准，忽视目标质量的要求。

目标管理和计划管理各有利弊，各有自己的适用条件。管理者在选择管理方式时，一定要考虑到本单位的实际情况，注重针对性、有效性，实事求是地进行选择。

第二节　高等职业教育管理的主要内容

高等职业教育是一个大系统，工作复杂具体，机构门类齐全，其管理的内容也极为复杂，包括教育思想、教育要素、教育事务、教育设备、教育环境、教育质量、教育评价、教育组织、教育预测等的管理，下面将对这些内容作具体阐述。

一、教育思想

端正教职工的思想方向是教育思想管理的重要职责。目前，应树立全面贯彻党的教育方针、全面提高教学质量的思想；树立管理育人、服务育人和教书育人的思想；同时树立改革开放、理论联系实际、教育教学工作要适应社会主义现代化建设需要的思想。

二、教育要素

教育这一事物的内部构成并不是单一要素，其中包括教材、学生、教师和教学设备等诸多要素。个体的优化是所有过程和事物整体优化的前提。所以教育要素管理必须要对各个要素，即教材、学生、教师和教学设备的质量进行提升。构成要素质量的高低能够决定教育工作的成败，是一项十分重要的管理活动。此外，还要整体优化教育的各个要素。整体的优化需要人为地干预来实现。

三、教育事务

高等职业教育事务管理的管理范畴比较常规，对现代化、标准化和规范化方面有要求。教务处工作的强化是做好这项管理工作的基础。教务处是一个职能部门，对整个教学工作和行政工作具有评价、指导、调度、研究、参谋、服务等功能，因此，强化教务处的工作对加强教学行政管理工作具有十分重要的意义。

四、教育设备

教育设备包括电子计算机房、图书馆和实验室等。这些现代和传统教育设施的整合体，大大提升了教学中的教学效果。每一个设施都能够进行独立教育教学。实验室能够为学生提供实验研究的场所，让学生动手动脑、学用结合；图书馆作为重要信息库，是学校的中心；以电子计算机为核心的网络教育，可有效改变传统教学的面貌；语言教室属于第一代文科实验室。这些设施的整合体便是区别于传统教学的先进的现代化教学。现代化和标准化是教育设备管理的需求。通过建设、应用和管理这些设备，使之作为一项重要手段推动传统教学的改革。

五、教育环境

在高等职业教育管理中，教育环境是一个基本因素和重要课题。高等职业教育活动的进行存在于一定的教育环境中，教育环境会影响教和学，并对教育活动的发展方向起引导作用。虽然这种影响有时比较隐蔽，但其重要性不可忽略。在现代条件下，随着科学技术和社会生产力的迅速发展，学校物质条件不断得以完善，社会信息量成倍增加，教育环境日益复杂，教育管理的重要性日益显现出来。因此，现代高等职业教育管理必须要认真地考虑如何对高等职业教育中教育环境的作用加以正确认识，如何对教育环境进行创造。

六、教育质量

高等职业教育的管理是以高等职业教育质量的提高为出发点和归宿的。教育质量的提升是我们在高等职业教育管理中所有工作的最终目的。对于教育而言，质量就是生命，进行质量管理势在必行。教育质量管理就是在实施教学管理时，以抓质量为主要手段的管理。具体而言，质量管理包括质量的检查、确定、控制、评估和分析等内容，其中确定质量标准是一项难点。由于质量标准具有综合性和模糊性的特点，很难完全用数字来表现教育的质量，因此，确定研究质量标准是教育质量管理实施的第一步；控制教育质量是第二步；评估教育质量是第三步。如果管理教育质量的起点是质量标准的确立，那么使教育质量标准的实施得到保证就是质量控制的目的，质量评价是整体检验教育工作成果和过程质量的工具，能够对质量控制成效进行衡量。三者缺一不可，都能够直接促进教育质量的提升。

七、教育评价

教育评价是根据一定的教育价值观或教育目标，运用可行的科学手段，通过系统的收集信息资料和分析整理，对教育活动、教育过程和教育结果进行价值判断，为提高教育质量和教育决策提供依据的过程。

教育评价的实质是价值判断或优劣的判断。既不单是对教育现象的客观描述，也不是纯技术性的工作，而是以教育情境中客观事实作为基础进行的一种价值判断或优劣判断。

教育评价的直接对象是教育活动、教育过程及其效果。同时，在教育过程中影响教育效果的因素是多元的，如课程、教学、行政、人员、设备、经费、制订的计划、计划的实施等因素均与教育效果紧密相关，也应属于评价的对象。

八、教育组织

教学组织形式是指教学活动中教师与学生为实现教学目标所采用的行为方式的总和，是达到教学目的的手段。

（一）个别教学制

个别教学制是最古老的教学组织形式，以学生与个别教学内容、教师与个别学生联系为主，有时候也会有一群学生，但学生年龄和文化程度不尽相同，无固定班级、教学内容及教学计划，教学活动比较随意。

（二）班级授课制

班级授课制是目前世界范围内运用最广泛的教学组织形式，属于集体教学形式，有固定的按年龄和文化程度划分的班级，规定的教学内容和严格的教学计划保障，具有"班""课""时"的特点，有利于充分发挥教师的主导作用和集体教育作用，教学效率高，有利于大面积培养人才，但不利于因材施教，容易忽视个别学生，缺乏灵活性。

（三）分层教学

分层教学，按照能力或成绩进行分班分组教学，属于集体教学形式，可分为外部分组和内部分组。外部分组需要打破传统按年龄编班的形式，重新对学生进行分班；内部分组不需要打破原有班级，在班级内部将学生分成不同学习小组。

（四）协作教学制

协作教学制就是指教师、实验人员、视听教学人员共同组成教学小组，一起制定教学计划，然后分工合作协作完成对学生的教学。这样可以充分发挥每位教师的作用和专长，并且有许多可以利用的教学仪器，教学质量非常好。

九、教育预测

教育预测的形式多种多样。从应用的角度出发，可以对教育预测作如下的划分。

(一)宏观教育预测与微观教育预测

1. 宏观教育预测

宏观教育预测是根据教育与社会、经济、科技、人口等的联系,从全局上对一个国家、地区、部门教育发展的总体预测。预测内容包括教育制度、教育结构、教育功能、教育形式、教育发展的速度和规模等。

2. 微观教育预测

微观教育预测是指对教育发展的局部问题的预测。它包括对学校某方面发展的预测、教育某方面问题的预测、个人教育前途的预测等。

(二)定性教育预测与定量教育预测

1. 定性教育预测

定性教育预测又称直观判断教育预测,它是根据已知的教育发展规律,运用逻辑推理的方法,对教育发展的趋势作出定性判断和推测。定性教育预测的特点是简便、易行,但缺乏精确性。

2. 定量教育预测

定量教育预测是根据教育发展过程中各因素间的数量关系,利用各种数量化工具,通过建立教育预测的数量化模型,来预测教育发展的数量规律。定量教育预测的特点是预测结果明确,但预测过程比较复杂。

(三)短期教育预测、中期教育预测和长期教育预测

按照教育预测时间的长短来分类,教育预测可分为短期教育预测、中期教育预测和长期教育预测。一般短期教育预测的时限定为五年之内,中期教育预测的时限定为五年到十年,长期教育预测的时限定为十年以上。

(四)单一法教育预测和结合法教育预测

(1)单一法教育预测,是指在进行教育预测时,仅采用一种方法的教育预测方式。

(2)结合法教育预测,是指在进行教育预测时,同时采用多种方法的教育预测。在教育预测的实践中,使用结合法教育预测能够有效地提高预测的可靠性。

(五)单对象教育预测和多对象教育预测

(1)单对象教育预测,是指对单一教育预测对象发展的预测。

(2)多对象教育预测,是指同时对多个教育预测对象发展的预测。

第三节　高等职业教育管理应遵循的原则

高等职业教育管理的客观规律的体现形式就是高等职业教育的管理原则,同时,这也是我们进行高等职业教育管理相关工作的准则。它的确定以我国的国情、管理体制为依据,以国家对高等职业教育进行发展的相关方针、政策以及法律法规为准绳,经过长期的管理工作

实践沉淀和积累，并结合自身的发展规律综合而成。对于高等职业教育的管理原则，我们要正确认识和看待，同时还要自觉遵守，只有这样才能使我们的管理能力得到提高、管理效果得到提升，使高等职业教育可以更好地发展，从而在社会主义建设过程中更好地发挥作用。

一、贯彻可变性原则

在高等职业教育的管理中，我们看待问题时不能一成不变，要用发展和辩证的眼光来看待和处理事物，这就是可变性原则。

通常，我们把管理工作分成两种，即常规管理和动态管理。不管是进行哪种管理工作，我们都需要针对事物的过去、现在和未来进行详细分析，及时有效地对其进行控制和协调，使管理效应得到加强。

对可变性原则进行贯彻，就要对事物纵横两方面的联系都给予高度重视，对事物的状态和时间之间的关系进行深入揭示。对于高等职业院校而言，其中心应当聚焦于教学，因此在教学计划的制订方面必须要有一定的指令性。在制订教学计划时，我们需要研究的问题主要有两个。其一，计划中包含的各个部分之间的关系、目前的发展情况以及未来可能发生的变化。例如，培养目标、教学实施的管理控制、教学的运行调度、教学质量管理的规定等，它们过去的情况、当下的发展变化情况，以及互相之间的关系和关联因素，这些内容我们都要进行掌握。其二，对和教学计划之间具有一定关联的各种因素的情况进行了解，对计划的正常进行产生影响的各种情况进行可变性预测，并制订出相关的应对方案和措施。只有这样，教学计划才能符合实际需求，同时又具有一定的应变性和弹性调整空间，在具体实施方面也会更加顺畅，大家也能够欣然接受。

对可变性原则进行贯彻实施，一定要以事物的发展规律为依据，循序渐进，不能一步上几个台阶。凡事都不能太过心急，很多环节是不能够省略的，当然，我们也不能一直停留在某一个阶段而毫无进步。

二、贯彻科学性原则

在对高等职业教育进行管理时，我们一定要坚持一切从实际出发、实事求是。在办事时，要以高等职业教育的相关规律以及管理规律为依据，确保各项工作的进行都符合其发展规律，使管理达到最佳水平，这就是我们所说的科学性原则。要对科学性原则进行贯彻，有以下三点是必须要做到的。

第一，对于管理人员而言，科学素质是必须具备的。管理人员对于管理工作一定要有清醒的认识，管理实际上是一门科学，要想真正将管理工作做好，必须要具备一定的科学素质。对于管理人员而言，这些科学知识都是必须要具备的：①学习和掌握教育科学相关理论，充分了解高等职业教育的规律以及学校管理工作的相关规律，只有这样才能使我们的自觉性得到提升，在进行管理时能够依照规律来办事，而不是盲目工作，从而促进工作效率的进一步提升;②学习与高等职业教育有关的管理科学理论,掌握科学管理的手段和方法,当下这个时代,科学技术的发展十分迅猛,进行管理的手段和方法也变得更加现代、科学,对这些手段和方法进行学习并熟练掌握,可以帮助我们更好地进行管理。

第二,建立严格的、科学的管理制度。对于科学的管理系统要进行建立健全,以促进管理工作效率的有效提升。应建立健全科学的工作秩序,以提高工作效率,如让组织结构更合理、工作秩序更规范、职责分工更清晰、质量要求标准更高、常规事务处理制度性增强、信息反馈更灵敏等,这些都可以确保各项工作能够顺利高效地完成,进而使整体效率得到提升。

第三,建立健全教职工责任制度。对相关教职员工的职责范围进行规范划定,专人专项,做到每件事都能对应到人,每个人都明确自己的职责,充分发挥个人的聪明才智,以取得更加优异的成绩。要想教职工责任制度能够顺利实行,我们需要做到:①职责分明;②合理分工;③公平奖惩;④公正考评。

三、贯彻教育性原则

教育性原则是指高等职业教育管理工作不仅要通过管理完成一般的工作任务,而且要十分注意高等职业院校各项工作对学生的教育作用。高等职业院校是培养人、教育人的场所,青年学生可塑性大、模仿性强,学校里的各种因素,如全体人员、全体工作及环境、校园风貌等,无时无刻不在影响着学生。所以高等职业院校的全体人员和全部工作都应当始终注意贯彻教育性原则。

第一,高等职业院校的全体教职工都应十分注意自己思想行为的示范性。院长应是教职工的楷模,是学生学习的榜样,学校的其他领导干部和教职工都应当具有高尚的道德品质和崇高的精神境界,应当作风正派、待人诚恳、举止端庄、文明大方、衣冠整洁、谈吐文明、学风严谨、教书育人。总之,应当在各个方面都堪称学生的表率。

第二,要求各项工作规范化。高等职业院校全体人员都应十分注意各项工作对学生的示范作用。各项工作都应严肃认真,一丝不苟;各种文件都应严谨准确;执行各种制度必须十分严格,不徇私情;理财用物,注意勤俭节约,不铺张浪费。总之,各项工作都应力求影响学生,使之形成高尚的道德情操、严谨的学风和艰苦朴素的作风。

第三,要求学校设施规范化。一所学校校舍整洁,环境优美,可以使人心旷神怡,精神愉快,对于优化教育教学环境,净化学生心灵,陶冶师生员工的思想情操,振奋精神,丰富生活情趣,都有重要的意义。优美舒适的环境,有助于学生养成讲究卫生、爱护公物、遵守纪律等文明习惯。

四、贯彻高效性原则

贯彻执行高效性原则,对管理人员提出了更高的要求。管理人员需要对正确的办学目标和办学方向进行明确和坚持,只有在保持目标和方向正确的基础上,才能提升工作效率。

而在此基础上，管理人员还需要科学合理地进行每一项决策，在对应的实施过程中要恰当地进行指挥。

要想对高效性原则进行贯彻落实，管理人员需要对高等职业教育的管理资源进行合理恰当的利用。在进行智力开发以及对人才进行培养时，高等职业教育需要借助一些资源，这些资源既包括有形的资源，如人力资源、物力资源、财力资源等，也包括一些动态的资源，如对管理办法进行改革创新、对工作组织架构进行调整完善、对时间和信息资源进行高效利用等。动态资源是潜在的资源，是无形的，我们要把有形资源和动态资源有机结合到一起，合理进行利用，只有这样才能使高等职业教育在办学效益方面得到更大的提升和发展。

第四节　高等职业教育管理的规律与方法

一、高等职业教育管理的规律分析

高等职业教育管理工作是有规律可循的，只有遵循规律，按规律办事，才能提高管理水平，提高育人质量。为此，管理者就需要认真学习、研究管理规律。对于高等职业教育管理的规律，可谓众说纷纭，我们参考有关的高等教育管理理论，联系高等职业教育实际，总结出以下规律。

（一）与社会政治经济的发展相适应并促进经济发展的规律

高等职业教育是培养技术应用型人才的教育，更应该适应社会政治、经济的发展。高等职业教育管理是从管理的角度研究高等职业教育现象的，所以高等职业教育管理工作必须与社会的进步、经济的发展相适应。高等职业教育管理工作与社会经济相适应体现在以下四点。

第一，高等职业教育发展的规模和速度必须与社会的发展、经济的增长相适应。发展高等职业教育需要一定的人力、物力、财力。办多少学校，设多少专业，招收多少学生，学习多长时间，必须与当地生产力发展水平所能提供的物质条件相适应。

第二，高等职业教育培养人才的规格和数量必须与经济的增长相适应。高等职业院校是培养人才的阵地，培养什么样的人，培养多少人，必然受到经济的制约。高等职业教育具有明显的地方特点，应根据当地的生产力发展水平，社会主义建设的地方特色和客观情况，以及未来发展的趋向，科学地进行人才需要预测，然后做出合理安排，切实做到管理为政治、经济服务。

第三，管理必须为改革开放服务。高等职业教育管理要为政治、经济服务，就必须把改革开放作为中心任务抓紧、抓好。要改革高等职业院校内部管理体制，改革教育思想，改革教学内容、教学方法，做到多出人才，出好人才，把受教育者培养成为具有创造才能的，能适应社会主义建设需要的合格人才。

第四，高等职业教育管理要为政治、经济服务，就必须进一步端正办学思想，坚持社会主义方向。坚持办学的社会主义方向，就是要坚持党的基本路线，贯彻执行党的教育方针，以习近平新时代中国特色社会主义思想为指导，教育与武装全体教职工和学生，把学生培养成为社会主义事业合格的接班人，推动社会主义国家的政治、经济和文化的发展。

（二）促进学生全面发展的规律

培养学生全面发展，是党和国家对教育工作的基本要求，也可作为高等职业教育管理的基本规律之一。高等职业院校学生的全面发展包括德、智、体、美、劳的发展和综合职业能力的提高。在高等职业教育管理工作中可以采取以下措施促进学生全面发展。

首先，管理者必须牢固树立德育、智育、体育、美育、劳育全面发展的观点，正确处理“五育”的辩证关系。“五育”之间的关系，是相互联系、相互渗透、相互促进、相互制约的辩证关系，概括地说，德育是灵魂、是统帅、是方向。德育的任务是培养学生具有坚定正确的政治方向，全心全意地为社会主义建设服务。智育是中心、是关键。因为无论是德育还是体育，没有文化科学知识做基础是不可能顺利进行的。一个知识贫乏的人很难分清是非善恶，所以他的一切活动都将缺乏正确理论的指导。此外，社会和经济越是向前发展，对劳动者的素质要求也就越高；劳动者的素质越高，社会生产力水平也越高。因此，高等职业院校的管理者，必须注意全面贯彻党的教育方针，坚持德、智、体、美、劳全面发展，关心学生健康，重视学生体育锻炼，养成学生良好的卫生习惯，保持和发展学生健康的体魄。

其次，管理者应教育全校教职工树立全面育人的观点，在统一认识的基础上，协调一致，分工合作，促进学生全面发展。学校对于受教育者而言，是一个整体，其任务就是培养全面发展的人才。所以，学校的各个部门、各项工作，都必须立足于全面培养学生，保证培养出适应社会需要的合格人才。

最后，管理者应教育全校教职工培养学生的综合职业能力。高等职业教育要培养同我国社会主义现代化要求相适应的，具有综合职业能力和全面素质的，直接从事生产、服务、技术和管理第一线的应用型、技术型人才。因此，高等职业教育的管理者要着眼于未来，教育全校教职工千方百计地培养志向高远、素质良好、基础扎实、技能熟练、特长明显、个性优化的学生，并使他们具有远大的职业理想、深厚的职业情感、高尚的职业道德、扎实的职业知识、熟练的职业技能、较强的职业能力、自觉的职业纪律、良好的职业习惯，以及忠于职守的敬业意识、开拓进取的创业精神。

（三）坚持以教学为中心的规律

我国高等职业（高专）教育规模每年都在蓬勃发展。这样的趋势，对实现我国高等教育大众化起到了积极的促进作用。对高等职业（高专）院校而言，高等职业教育的生命线是特色加质量。高等职业院校的工作中心是教学工作，只有教学有为才能使高等职业教育有位，要以转变教育观念为先导，树立正确的人生观、质量观和教学观，培养生产、建设、管理、服务第一线工作的技术应用型人才。高等职业教育管理工作坚持以教学为中心的规律，应该做到以下五点。

第一，高等职业院校主要管理人员，以主要精力和大部分时间抓教学工作，建立与维护学校正常的教学秩序，深入教学第一线，了解教学实际，参加教学活动，指导教学工作。

第二，在人员的配备和选拔上，先满足教学人员的需要，应选择配备合格的教师。

第三，在物质条件上，支持教学，保证教学工作的需要。

第四，要求教师严格执行教学计划、教学大纲，认真钻研教科书，努力搞好教学工作。主管教学的领导和处长要认真进行教学评估和检查，不断提高教学质量。

第五，教育和组织学校各部门、各方面的人员，树立以教学为中心的思想，强化以教学为中心的观念，自觉、主动地为教学服务，使全校各项工作紧密围绕教学这个中心来开展。

（四）依靠教师的规律

在培养人的教育和教学活动中，教师应起主导作用。教师是学校的主力军，是办学的主要依靠对象。办学之所以必须依靠教师，这是由教师的职责和作用所决定的。在高等职业教育管理工作中体现依靠教师，应当做到以下三点。

1. 要尊重教师，对教师合理安排使用

在学校里，尊重知识、尊重人才，首先应当充分尊重教师，合理安排使用教师，做到量才使用，用其所长。高等职业院校的各科教师，经过党的多年培养与教育，蕴藏着极高的政治热情和工作积极性，学校领导充分尊重他们，知人善任，合理安排他们的工作，就能最大限度地调动他们的积极性。

2. 对教师充分信任、真心依靠

首先，要认真贯彻党的知识分子政策，关心教师政治上的进步。其次，高等职业院校管理者应从行动上把教师作为学校的主力军，工作上依靠他们。凡属学校教育、教学工作中的重大事情，都应虚心听取教师意见，然后再作决定。对教师提出的良好意见和建议，领导采纳后，应给予适当的表彰。最后，管理者应以平等的态度与教师交心、谈心。只有充分信任教师，真正依靠教师办学，才能使教师更好地把他们的知识和才华贡献给社会主义教育事业。

3. 关心教师，满足教师合理的需要

管理者应认真了解研究教师的需要，在政策允许的情况下，应当主动、积极地满足教师的合理需要，充分调动教师的积极性。首先，满足教师工作上的需要，即根据教师特长合理安排工作，提供必要的工作条件，允许教师工作上有一定的自主权。其次，满足教师生活上的需要，如住房，夫妻两地分居，小孩入托、入学等。这些解决不好，也容易影响他们工作的积极性。再次，满足教师业务进修提高的需要，教师上进心强，愿意业务上不断提高，这对教师个人和学校工作都是非常有益的。管理者应根据教师的不同情况和学校工作实际，努力创造条件，满足他们的合理需要。最后，满足教师文化生活上的需要。教师的劳动是艰苦的脑力劳动，他们整天忙于备课、上课、批改作业、指导实习、找学生个别谈话等。不能把教师

的生活搞得那么单调乏味，应建立教师俱乐部，开展丰富多彩的文化体育活动，使他们的生活得到调剂，精神饱满、朝气蓬勃地投入到艰苦的育人活动中去。对教师的政治上和组织上的进步要求，学校党组织需要积极引导。

（五）有序运动的规律

高等职业教育各项管理工作的具体任务、目标、进程等各不相同，管理过程的具体内容也有差别。例如，教学管理过程，要对教学工作进行计划、组织等，而思想政治工作的管理过程，要对思想政治工作进行计划、组织等。但是，各项工作的管理过程，除了其具体内容的差别外，都有其共同的特点，都有计划、实施、检查、评价、总结五个基本环节，都是按计划—实施—检查—评价—总结的先后顺序连续运动的。实践表明，有了计划就必须实施，有实施就要进行检查，检查了就要进行评价，最后要有总结。这种先后顺序不是人们主观随意的安排，而是管理工作客观规律的反映，是一种前后相关联的基本环节的有机组合。它要求人们在进行管理活动时，一定要按照上述五个环节的顺序实施工作，不能破坏或颠倒。换言之，高等职业教育的管理过程，是一个有前后顺序、相互关联的五个基本环节构成的有程序的运动过程。

高等职业教育管理的每一个过程，都是由计划开始，经过实施、检查、评价，到总结为止，为一个管理活动周期。年复一年，一期又一期，延续不断，管理工作也按五个环节的顺序周而复始地不断循环。但是，这种循环并不是机械地重复，不是维持在原有水平上的转动。因为每一循环都是在前一循环的基础上进行的，每一循环不仅在时间和空间上有秩序，而且在质量上不断由低级结构向较高级结构转变，提高了起点，向前不断推进。管理过程的每一次循环，就使管理工作提高到一个新的高度，这就是滚动式发展，也是有序运动的规律。高等职业教育管理工作就是在这个循环运转中，围绕教育目标，周而复始，不断提高，不断前进的。

（六）控制性活动的规律

高等职业教育管理过程是一种有目的、有程序的运动过程。它的目的就是实现管理目标和教育目标；它的基本程序就是按照计划—实施—检查—评价—总结先后顺序进行的。这种有目的、有程序的运动过程，表现出高等职业教育系统的状态要求有一定的行进轨道。但是，在实际管理活动当中，由于受到周围环境和校内外主观和客观因素的影响，一成不变的，按照既有模式进行运动，直达目标的情况是不多的，往往会遇到一些可变因素的影响，而不断出现偏离目标的情况，或者出现没有预料到的问题和困难、矛盾和冲突，因此，在管理过程中，管理者必须不断地进行有效的控制，随时调整本系统的活动，及时纠正出现的偏差，保持在高等职业教育系统所要求的状态下，把管理活动引导到朝目标运行的正确轨道上来。实践证明，这种控制性活动贯穿于高等职业教育系统的全部活动之中。这就表明，高等职业教育管理过程实质上是一种不断的控制过程，是使各项工作和各项活动按一定程序进行所开展的有效控制活动。在管理过程中，要不断地进行有效的控制，就必须及时、准确、不断地获取每一个环节对前一个环节反馈的信息，发现偏离目标的现象，迅速采取措施，及时纠正，以促进和推动管理活动按管理的基本程序向前发展。

二、高等职业教育管理的常用方法

高等职业教育管理方法是用以实现高等职业教育管理目标，开展管理活动的具体手段和措施。管理方法是否得当，直接影响着管理效果的优劣。高等职业教育要实行现代化科学管理，若不解决管理方法科学性的问题，即使有正确的管理目标，有良好健全的管理过程，有现代化的管理手段，也不容易搞好管理工作。

（一）调查研究法

调查研究法是高等职业教育管理者的一种基本功，是管理者必须具备的一种管理能力。管理者要提高管理效率，就必须对所管理的对象有透彻的了解，就必须对它的现状和历史，对各类人员的基本素质、能力和要求，对工作中有利和不利因素等有全面的了解。而这一切信息的掌握，只能靠深入、周密的调查研究。这就要求管理者必须懂得调查研究的理论，掌握调查研究的方法。同时，调查研究对密切群众关系、开阔视野、解放思想也有其重要意义。

常用的调查研究方法有直接观察法、报告法、个别访问法、开会调查法、填表调查法、通信调查法等。

1. 直接观察法

直接观察法是调查人员深入现场，亲自观察、测量、计数以取得资料的方法。这样取得的资料，具有较高的真实性和准确性。但是这种方法需要人力、物力、时间较多，而且有些资料是用直接观察法无法取得的。

2. 报告法

利用现行的统计报表获取需要的数据资料，同时也可利用被调查单位的原始记录等资料。

3. 个别访问法

个别访问法是调查人员向被调查者逐一询问、记述以取得资料的方法。它的优点是调查人员对调查项目有统一理解，能按统一的口径询问和取得资料。但需要花费较多的人力和时间。

4. 开会调查法

为了研究某种问题，由调查人员有计划地邀请一些熟悉调查问题的人进行座谈讨论，以搜集所需要的资料。由于这种方法可以开展讨论，因而有可能把问题了解得更深一些，同时还可能找到解决问题的办法。这种方法要求调查人员具有较高的水平，会前要做好充分准备。

5. 填表调查法

这种调查方法是调查人员将调查表送交被调查人，说明填表的要求和方法，由被调查者根据实际情况,按照表中栏目自己填写,然后由调查人员统一审核处理。这种方法可以节省人力和时间。但是,这种方法要求被调查者具有较高的文化素养和积极配合的态度,否则难以保证调查资料的准确性。例如,搞民意测验、对科技成果评审等,常用此法。

6.通信调查法

这种方法也是一种填表调查,但与上述填表调查法的不同之处是这种方法的调查对象可能分散在各个地方,调查者和被调查者采取通信方式进行联系。这种调查方式不受地区的限制,能够更为广泛地收集资料。

(二)经济管理法

经济管理法是指根据经济规律通过工资、福利、奖金、奖品等经济手段进行管理的方法,是从物质利益上激励和调节教职工的行为。在市场经济条件下运用适当的经济手段是必要的,但必须注意运用恰当,否则会起副作用。

第一,经济管理法必须与思想教育法、精神鼓励相结合。运用经济管理法的同时要注意讲奉献,讲敬业精神;物质鼓励和精神鼓励相结合,要以精神鼓励为主,这样才能提高政治觉悟和高尚的精神境界。

第二,经济管理法必须与行政管理法相结合。

第三,运用经济手段必须掌握"度",物质奖励不是越多越好,而是要适度。目的是激发大家的竞争意识和提高工作的主动性、积极性。

(三)教育激励法

教育激励法是教育方法和激励方法的有机结合,是调动高等职业院校全体人员为实现管理目标而努力工作的自觉性和积极性的重要手段。运用教育激励法应做到以下三点。

第一,一定要有求实精神。社会存在决定社会意识。运用教育激励法,教育是前提,不进行教育,不解决思想认识问题,激励就失去方向,不能起到应有作用;运用教育激励法,研究了解人们的需要和现实生活中的矛盾是基础,如果不把解决实际困难和矛盾放在重要位置,教育就成了空洞的说教,收不到预期效果。

第二,要掌握好"质"和"量"的问题。教育激励法,采用了心理学、社会学、行为科学的许多理论,科学地运用这种方法,就要注意"质"和"量"两个方面。"质"就是要掌握准确、公道的原则。对问题要了解清楚,性质要抓准,采用的方法要"对症",教育才有准确性,也才能公道,以理服人。"量"就是激励要掌握一个度。

第三,要讲究艺术性。艺术性主要表现在教育激励的时间掌握、形式变换、环境选择上。在时间掌握上,既不能对思想问题的解决急于求成,操之过急,也不能拖拉疲沓,把一项教育活动拖的时间过长。还要注意把教育和激励紧密结合起来,防止脱节。在形式变换上,要讲究形式多样,交叉变换使用,有形和无形的工作要互相结合,寓教育于闲谈、娱乐之中,切忌形式单一死板。

（四）学术研究法

学术研究法是指在高等职业教育管理中通过运用科学研究，开展学术活动来管理的方法。该方法可以促进高等职业院校形成浓厚的学术氛围；增加学校科学研究的凝聚力；提高教师的科研能力，以科研促教学，改进教育、教学方法，提高教育质量。运用学术研究法应做到以下五点。

第一，高等职业院校的管理者重视学术活动，带头进行科学研究，在师生中起示范作用。

第二，在教师和技术人员中广泛宣传，讲明开展科学研究的重要性和必要性，引导大家明确目的意义，积极自觉地参加科学研究。

第三，组织科研骨干队伍，老教师对年轻教师进行传、悟、带，骨干教师要带领一般教师和技术人员，建设一支老、中、青结合的科研队伍，以提高科研水平，为学校增加经济效益和社会效益，提高学校的知名度。

第四，有计划地定期组织各类学术活动，开展科研成果交流活动，对科研工作成绩突出者和优秀者要给予物质和精神奖励，提高大家开展科研活动的积极性。

第五，加强领导和指导。首先，应抓好科研过程的管理，一个比较完整的科研过程一般包括选题、调查、制订计划、搜集资料、整理资料、分析研究、检查结果、撰写报告或论文、成果鉴定等方面的工作。管理者要认真做好每一方面的管理工作，以保证科学研究任务的完成。其次，要求科研人员认真学习有关科研理论，熟练掌握科研方法，如调查法、实验法、总结法、个案法等，以提高科研人员的科研能力。再次，科学合理的预算经费开支。最后，科研负责人要明确各自的职责，科研人员要有明确分工，每个人应透彻了解自己的工作任务，尽职尽责地做好自己分管的工作，同时还要搞好协作。

第五节　高等职业教育管理的模式创新

高等职业院校是我国培养技术型人才的专业院校。随着市场经济的发展，社会对职业技术人才的需求量日益增加，高等职业院校迎来了前所未有的发展机遇。但是，高等职业院校办学时间短，教育管理模式基本上沿袭普通高等职业院校，这种模式并不适合培养生产第一线的技能型人才，很难适应新形势下高等职业教育发展的需求，教育管理模式的创新改革已经成为不可忽视的问题。

管理活动必须在一定的管理结构下进行，管理模式的创新首先是管理结构的创新，承担着对全部教育教学活动进行指导的职责。传统高等职业院校的教育管理模式是自上而下的集权式管理结构，这种结构已经不能适应现代教育管理的需求，高等职业院校要实现全面的产学结合，在专业设置方面要满足市场需求，与之相协调，将培养目标与用人标准结合起来，专业化建设是关键。因此，在教育管理模式上，势必向扁平化、多维式的管理机构转变，与之相适应，决策层和执行层的管理结构也需发生变化。

一、高等职业院校教学管理创新的意义

（一）满足高等教育快速发展的要求

高等教育招生规模不断扩大，呈现出跳跃式的特征，精英教育开始朝着大众化教育方向发展，这就要求高等职业院校做好教学管理创新及改革工作，从根本上满足高等教育飞速发展的需求。在生源水平差异化、人才需求多样化、多层次化等背景下，要建立起能够适应多种不同需求、灵活高效的高等职业院校教学管理制度，并不断提升高等职业院校教学管理工作人员的综合素质，针对实际扩招状况做好教学基础设施建设工作，通过优化高等职业院校教学管理创新、改革工作，进一步实现教育资源的优化配置。

（二）有利于高等职业院校培养高素质人才

高等职业院校作为人才培养的主要场所，要能够不断创新教学管理模式和管理方法。当前各个国家综合国力、经济发展的竞争归根到底就是人才和科技的竞争。科学技术的不断发展依赖于人才的支持，而人才的培养则离不开教育教学事业。所以，建立相对完善的有利于培养学生创业能力、创新精神、实践能力的教学管理制度是当前各个高等职业院校教学改革和创新的主要工作。这就需要高等职业院校突破传统的教育管理模式，针对学生的个性发展要求，对学生进行分类指导，为学生进行自主学习以及实践活动提供更加广泛的空间，从而培养出满足社会发展需求的创新和改革型人才。

（三）有利于推进高等职业院校教学改革

为了进一步满足时代发展的需求，各高等职业院校都开始加大教学改革的投入力度，并将教学改革朝着纵深方向推进，从而保证人才培养质量不断提升。高等职业院校通过管理模式的创新，可以建立起满足社会主义市场经济体制要求的教学管理模式，充分调动学生学习积极性、教师教学积极性，促进教学管理工作顺利运行。

二、高等职业院校教学管理创新措施

（一）引进竞争机制，建立完善的教学质量监督工作体制

保证高等职业院校教学质量不断提升，就必须发挥出作为教学活动主导者的教师的作用。在高等职业院校教学管理过程中可以结合实际状况引进竞争与激励机制，从根本上调动教师的教学工作积极性，保证教师能够把时间和精力放在人才培养工作上。逐步推动并实施学生自主选课、教师竞争上课的发展机制，改变传统的教研室统一安排教学课程、教学任务的状况。开设选修课程、新课程时，可以公开向社会招聘教师，并鼓励教学素质高的教师自觉承担更多的教学任务；开设对教师要求较高的课程时，可以从其他院校引进优秀的师资力量，不断提升教学质量；开设多个教师共同进行教学的课程时，可以实施教师挂牌上课的措施，让学生有更多自主权限选择任课教师。将教学质量当成聘任和考核教师的关键依据，采取教学考核一票制的方法。改变重视科研、轻视教学的现状，鼓励教师在教学任务上

投入一定的时间和精力，保证科研和教学工作能够同时进行。建立并完善教学质量管理监督机制，将实验教学、课堂教学、毕业论文实践实习以及课程考试等当成教师教学质量评价以及监控的主要指标，建立和教学质量监督管理体系互相适应的制度，具言之，包括评课、听课、考试分析、毕业生座谈以及学生评教等制度。在随堂听课之后对教师的教学内容、态度、教材选择、教学秩序、教学方法、课后辅导等做出全面有效的考评。维持学生在教学活动中的主体地位，通过问卷调查等不同的方法让学生对教师的课堂授课活动进行评价，并提出相应的意见和建议。

（二）做好规章制度建设工作

规章制度是高等职业院校教学管理工作得以顺利进行的基础。教学管理要想达到科学化、规范化的要求，就必须发挥制度的引导和约束作用。学校以及教务处等各个职能部门要结合实际状况和教学管理规律对教学管理制度进行修订以及完善，从而保证学校教学管理能够更加规范、合理。立足于教学质量监控体系建立院系考核指标体系，并从质量监督、质量保证、质量评估等方面对三位一体的教学质量保障体系进行评估，明确素质教育的基础地位，以培养学生的综合素质和学习能力作为基础，帮助他们更好地学习和生活。针对院系教学现状制订工作绩效考核方法，对教学工作实施量化考核，客观评价、正确引导考核工作，保证考核指标体系发挥引导和评价功能，调动各个院系参与教学管理工作的积极主动性。

（三）改变传统的课堂教学模式

通过实施科学有效的管理方法来保证教学模式改革工作的顺利进行，并引导教师主动更新教学观念，强化高等职业特色教学管理意识和课堂教学意识，以保证教学方法达到灵活性、科学性以及创造性的要求。首先，教学质量的提升可以从定量管理教学内容方面入手，控制课堂容量，并将学生能力培养、知识教授有机结合在一起。其次，结合课堂教学具体状况，从学生和教师的知识能力入手，让学生积极主动地接受新知识、锻炼新技能。最后，做好课堂教学结构管理工作，选择严密、丰富的课堂教学结构，形成“师生、生生以及生师”双向结构，从学生认知规律出发，通过合理科学、层次分明、严谨有序的课堂教学结构设置来保证教学活动的整体性、序列性以及丰富性。

第七章 高等职业教育教师人力资源管理体制

第一节 高等职业教育管理体制

一、改革原有高等教育管理体制的必要性

（一）建立社会主义市场经济体制需要改革高等教育管理体制

随着社会主义市场经济体制的建立和多种经济成分的发展，中央政府部门管理经济和企业的职能已经发生政企分开的重大变化。过去几乎封闭的“条条”在相当程度上已不复存在，为适应这种变化，改革“条块分割”的办学和管理体制，就成了经济体制改革的必然要求。

在社会主义市场经济体制下，市场在资源配置中起基础性调节作用，除极少数特殊的行业之外，经济发展不再主要由行业的业务主管部门以“条条”的形式规划和组织，人才培养就应改变主要由行业的业务主管部门进行规划和组织的做法。高等教育应按照中央和省级人民政府两级管理、分工负责的原则进行规划和组织，更多地面向地方培养人才，同时兼顾行业主管部门的需要。

在“条块分割”的原有体制下，各部门、各行业的高等学校自成系统，封闭发展，高等学校虽设在地方，但却很少与地方发生关系，为地方服务不够。“条块分割”的原有体制与社会主义市场经济体制下人才培养和使用的基本趋向不相吻合，很难适应市场经济体制的需要。

此外，在社会主义市场经济条件下，各行各业所需的人才越来越需要通过人才市场获得，高等学校办学应主动适应人才市场的变化。如果高等学校不能在宏观管理下依法自主办学，就很难适应人才市场的变化，培养出具有市场竞争力的社会所需要的各种合格人才。因此，必须改革原有的体制，淡化和改变学校单一的隶属关系，不断扩大高等学校的办学自主权，自觉调整服务方向，合理利用教育资源，增强高等教育为地方和区域经济服务的力度，以适应社会主义市场经济体制的需要。

（二）适应现代高等教育的发展规律

避免造成高等教育的新一轮重复建设，高等教育管理体制改革也是教育规律的客观要求。现代科学的发展越来越呈现出综合化的趋势，学科之间的相互交叉、渗透日益增多。经济、社会的发展也越来越需要更多的复合型人才。这就要求高等学校学科、专业不能过于单一。学校只有具有多种学科的氛围才有利于人才的成长和学科的发展，才能增强学校深入社会，为社会服务的能力。

因此，高等学校向多学科发展是符合教育规律的。只要有条件，发展到一定程度，单科性院校就要向多学科发展，这是一股不可阻挡的潮流。但是，在我国目前情况下，用何种方

式实现高等学校向多学科或向综合的方向发展更好？是通过管理体制改革，发展多种形式的联合办学解决，还是任由每一所高等学校自我膨胀、自我发展解决？答案只有一个，就是通过改革高等教育管理体制，大力发展多种形式的联合办学来解决。这样做效益更好，质量更高，更有利于我国高等学校布局结构的合理调整。

（三）全面提高办学的质量和效益

面对新时代的挑战，粗放型发展模式的道路是根本走不通的。经济的发展是这样，教育的发展也同样是这样。目前，我国的经济工作正在逐步实现经济体制和经济增长方式的两个根本性转变。在这种形势下，我国的教育工作必须解决好两大重要问题，一是教育要全面适应现代化建设对各类人才培养的需要，二是要全面提高办学的质量和效益。这是当前全国教育工作面临的两个重要转变。对于处在教育事业龙头地位的高等教育来说，如果不改革原有的管理体制，不解决部门和地方“条块分割”以及所造成的低水平重复建设等一系列问题，要想实现“两个重要转变”是根本不可能的。只有通过调整布局结构，改革管理体制，高等教育才能适应社会主义现代化建设的需要。

另外，抓紧进行高等教育管理体制改革，也是深化高等教育体制改革的迫切需要。高等教育管理体制改革是高等教育体制改革的重点和难点。高等教育管理体制改革不仅涉及高等教育事业本身的结构、布局、发展战略、资源配置、办学规模、效益等重大问题，而且关系到中央、地方政府的众多部门、行业、单位的管理权限、投资体制、利益分配等重大问题。

对高等学校来说，高等教育管理体制的改革不仅关系到能否真正面向社会依法自主办学，而且对于调整和优化层次、科类、专业结构，提高办学水平、教育质量、办学效益等都有重要关系。高等教育管理体制中存在的诸多问题，是当前制约高等教育改革和发展的“瓶颈”因素，因而解决这些问题的要求也最迫切。从这个角度来说，抓紧进行高等教育管理体制改革，对于整个高等教育体制改革的深化具有十分重要的意义。

二、建立适合我国国情的高等教育管理体制

要建立适合我国国情的高等教育管理体制，需要着重推进以下几个方面的改革：加强省级政府的统筹决策权；加强学校办学自主权；加强社会参与管理；加强中央政府宏观调控；积极推进以联合、共建为重点的管理体制改革。

（一）加强省级政府统筹决策，变“条块分割”为“条块结合”的新体制

社会主义市场经济体制的建立和现代科学技术的发展，使我国在计划经济条件下建立的“条块分割”的高等教育管理体制的弊端越来越突出。克服弊端的途径之一是加强省级政府对高等教育的统筹决策权。其主要理由体现在以下几个方面。

1. 区域经济发展的需要

市场经济体制的建立，政治体制改革的深化，必须促进以开发优势资源为特点的区域经济的发展，因而需要相应地发展高等教育，以培养适应区域发展所需要的人才。在我国高度集中计划体制下形成的所谓“部门经济”将越来越削弱。

2. 增加教育投入的需要

市场经济的发展，中央机构的改革和政府职能的转变，使中央经济业务部门，特别是工业加工部门越来越难以在经费上支撑所属的高等学校。将其转由地方管理，或与地方共建、共管，是可供选择的改革模式。

3. 提高办学效益和教育质量的需要

高等教育是非义务教育，要面向社会办学，市场机制必然在一定程度上对其资源的配置起基础性的导向作用。因此，必须讲求办学效益。加强省级政府对设在本地区所有高等学校的统筹决策权，是避免低效益、低水平重复设置学校和学科(专业)，实现资源配置优化，克服单科性院校培养人才知识面过窄等弊端，提高高等教育质量和办学效益的战略选择。

4. 教育地方化的需要

加强省级政府对高等教育的统筹决策权，是与国际高等教育地方化趋势相一致的。所谓高等教育地方化趋势，是指随着经济发展水平和人们普遍受教育水平的提高，高等教育办学和管理的权限逐步下移的趋势，即由中央—省—地方下移的趋势。

(二)扩大高等学校依法办学自主权，建立学校自我发展和自我约束的机制

高等教育管理体制的改革，不是简单地改变学校的隶属和投资关系，而是要把重点放在转变政府职能，扩大学校面向社会自主办学的权力，建立自我发展和自我约束的机制。过去，我国高等学校曾经历过几度“下放”与“上收”的反复，每次反复都使学校受到不同程度的损失。其重要原因之一是只解决学校的领导关系问题，而学校对政府的依附关系依然如旧。改革高等教育管理体制，必须坚持转变政府职能，扩大学校办学自主权，使学校真正建立起主动适应经济和社会发展需要的活力和自我约束的机制。只有这样，学校才能在改变领导管理体制之后获得健康发展。

应该充分认识，扩大高等学校办学自主权，是建立与市场经济体制相适应的高等教育体制的一项重要内容。因为市场机制对高等教育的调节，是把高等学校看作生产者，而生产者在市场经济条件下，必须对其生产过程享有充分的自主决策权。按照生产功能的学说，高等学校是有别于经济生产实体的一种非营利组织，它的决策和活动是为了在竞争中求生存和发展，而不是追求获取最大利润。维持这种生存和发展主要靠两个方面：一是学校的产品包括毕业生、科研成果和社会服务的数量、质量和规格能够在多大程度上满足社会的需求。二是需求方在人、财、物等方面的支出能力，包括学生所交的学费、政府的财政拨款、社会团体和个人的资助，以及学生的录取和教职员工的录用等。在投入与产出之间有一个过程，这个生产过程的效率，取决于生产者的决策和活动本身。

因此，要提高高等学校“生产过程”的效率就必须使高等学校对生产过程拥有自主决策权。但是，这种自主决策权限又不同于企业。因为作为一种非营利组织，高等学校生产的最终目的是提高综合效益。这种综合效益不是用利润衡量，而是表现为学校能否满足国家、社会和个人的多方面需求。所以，学校的办学自主权又是有限度的，需要国家加强宏观调控，使其能满足社会发展的全面需要。

随着高等学校职能的扩大和它对国家、社会的重要作用的日益凸显，国家对它的宏观调控也将不断加强。所谓高等学校办学自主权，主要是指高等学校在教学、学术上应有充分的自主权，使自己培养的人才和研究开发的效果及提供的服务能最大限度地适应经济和社会发展的需要。高等学校办学自主权就是国家赋予高等学校的，能主动适应经济和社会发展要求的自我发展和自我调节的权限，而不是在封闭的系统里自我完善的能力。

扩大高等学校办学自主权的重要目标是学校能根据本校、本地的实际，办出自己的特色，使学校多样化，使整个高等教育的层次、类型结构更加合理，以培养出满足社会多种需求的人才。

（三）加强社会参与，调动各方面办学和管理的积极性

加强社会参与是我国教育发展和改革总战略的重要组成部分，是我国社会主义市场经济发展的客观要求。因为市场经济的发展，必然导致办学主体的多元化。

1.政府不包办教育，但仍然是办学的主体

在任何经济体制下，教育都是一个国家主权范围内的事情。在市场经济条件下，教育是政府向社会提供公共服务的重要内容。因此，办教育属于政府行为，政府始终是办学的重要主体。

2.教育已成为现代企业的行为

在市场经济条件下建立的现代企业制度，其重要的组成部分，是以劳动力资源开发为核心的劳动力资源管理制度，教育作为劳动力资源开发的根本手段，必须成为企业的行为，企业成为重要的办学主体之一。

3.社会力量也成为办学主体之一

人才市场、劳动力市场的发展必然加剧“竞争就业”，社会和经济发展也必然进一步带动个人向高度社会化方向发展。教育在促进个体社会化、在满足人的自身发展方面所特有的功能，使它具备社会行为的属性，这些因素都促进社会力量（包括社会团体和公民等）成为办学主体之一。

第二节　高等职业教育教师人力资源管理体制

一、高等职业院校教师人力资源管理体制的界定

（一）人力资源的界定

人力资源，顾名思义就是将人作为组织发展中的重要资源，而非仅作为管理对象。人力资源的产生是对人的一种重新意义上的定位。但迄今为止，对于人力资源的确切含义不同学者仍有不同解释。对人力资源概念的争论内容，焦点集中在两处：一是人力资源的重心是指人本身还是指人的能力，二是如何限定人力资源的外延，也就是如何在“人”前加上科学严谨的定语。人力资源的核心是“人”“能力”还是“人的能力”，重点要看对“人”的把握上。

若在一定时间内可以确定且人数相对稳定的情况下，人力资源的重点是能力，若是在不确定且人数相对不稳定的情况下，如一个国家或地区，人力资源则侧重对“人”本身的表达，前者倾向于对质量的描述，后者倾向于对数量的描述。我们一般提及的人力资源含义从能力的角度阐释更接近其本质，因为资源是财富的形成来源，而人在财富形成过程中的作用便是人所具备的知识、技能、经验等能力，所以从这个层面来说人只是能力的载体而已。

人力资源是指在一定区域范围内，一切可能成为生产性的要素，在现在和未来时间内投放到经济社会活动中的劳动人口的总称。我们可以看出，人力资源既有质和量的属性又有自然和社会属性，具体表现在以下几点。

1. 具有能动性

一切活动都是以人的活动为前提，任何其他资源活动都由人的活动引发、控制和带动。

2. 具有收益递增性

在生产过程中人力资源与物质资源在收益上是反向的，人力资源递增而物质资源是递减的。

3. 具有社会性

因为人力资源的形成以及开发利用的过程都与相应的社会活动相互联系，是既受历史条件制约又会促进社会发展的一种社会产物。

4. 具有层级性

因为其个体所掌握的技术水平不等，层级自然不同，人力资源分为低中高三个层级，各层级中的工作人员在经过不同方式开发之后，其层级是可以发生转变的。人力资源在某种程度上是一种特殊资源，只有通过一定的有效激励机制才能被开发和利用。

5. 具有创造性

通过智力与体力相结合，不断促进社会向前发展。

(二)高等职业院校教师人力资源概念

高等职业院校教师在高等职业院校人力资源中处于核心地位，发挥着最重要作用，对高等职业院校全面发展及工作效能的提高具有决定意义。教师的个人素质及整体水平直接制约高等职业院校的教学水平、科研水平及办学效益。

1. 主观能动性

高等职业院校教师人力资源区别于其他资源的最大之处便是主观能动性。高等职业院校教师是高级知识分子，文化层次高，精神需求高，其劳动价值得到全社会的普遍认可，这在一定程度上激发了高等职业院校教师的工作积极性，并不断增强对科学知识的探索、对教学科研的努力以及对事业的热爱。

2. 高等职业院校教师劳动成果在实现过程中需要较长周期

在政治经济学中，产品的价值取决于生产该产品的必要劳动时间。高等职业院校教师是抽象劳动力，蕴含较强的自主性，在很多方面享受自由，高等职业院校教师若像企业机关那样严格地按照指令进行八小时工作，管理难度系数会很高。高等职业院校教师工作对象是学生，所使用的劳动工具就是教师自身，劳动产品是所培养出的具有更多知识技能的人才。

我们可以看出高等职业院校的生产方式是人与人之间的相互作用，高等职业院校教师更是一种细致的精神产品生产者，他们将学术思想表达出来，进而影响学生的思考方式、人生态度、价值取向等，是对人所蕴藏潜能的一种无限开发。由此可见，高等职业院校教师的劳动价值转化为劳动成果需要较长的周期，而且是间接性积累的一个过程。

3. 高等职业院校教师具有流动性

人力资源的流动性是现代经济发展的重要标志之一，也是一种经济体制成熟与否、优秀与否的重要衡量指标。在市场经济条件下，人才流动促进人力资源的合理配置，高等职业院校教师面对日益增长的人才需求，为了实现自身的价值增值，便期望更好的发展方向和发展机会，因此，能够增加人才流动的内在驱动力。

（三）高等职业院校教师人力资源管理体制

1. 体制包含的内容

体制是指一个组织为了完成共同的目标和任务，人为地建立起一套进行领导、管理、保证、监督活动的组织建制和工作制度体系，是一种人工社会工程系统，简单地说，就是国家机关、企事业单位等组织制度。体制包含的主要内容：

第一，有层次的组织机构和组织体系；

第二，各类各级组织结构权、利、责的限定；

第三，各组织机构在处理与其相关的各机构之间关系的原则、程序与规则等；

第四，不同机构的管理方式与原则；

第五，各类机构应建立监督的程序和相关的规定。

2. 管理体制

管理体制可以看做是一个特定管理系统中所涉及的组织结构的类型和方式，即我们要确定采取的组织形式类型以及将这些组织形式科学合理的结合成一个有机系统，并通过对有效手段方法进行选择来达到最终的管理目的。管理体制内容可具体化为：

第一，特定部门或企业对自身的管理权限、范围、相关职责、利益以及相互关系等准则的规定；

第二，对组织管理机构的设置是管理体制的核心内容；

第三，各管理机构中职权的分配和协调能力，直接影响管理效能的发挥，对于企业和其他部门来说都起着至关重要的作用。

3. 高等职业院校教师人力资源管理体制在范围上分为外部体制和内部体制

外部体制主要包含国家户籍制度、劳动人事制度、档案制度及教师资格制度等；内部体制则包括高等职业院校可以自主管理的事物，如选用合适的管理模式、设置相关机构及教师编制等。

内部管理体制对高效管理效率的提升起着至关重要的作用，当然，在一定程度上外部体制也会制约内部体制。

二、高等职业院校教师人力资源管理体制的特征

（一）管理方法多元性

高等职业院校教师人力资源管理最终目标是在达到高等职业院校教师一定需求的基础上挖掘教师的创造潜能。高等职业院校教师思想的活跃性和知识的全面性决定了他们在自身需求方面有一定的要求，从而就需要有较为丰富多样的管理方法以及全面有效的管理手段来满足教师的合理需求。

在高等职业院校教师人力资源管理系统中，除了利用一定的奖惩手段和相关的制度之外，校园文化建设和环境氛围对高等职业院校教师的影响也是巨大的。因此，我们要实施多元的管理方法，从而最大限度地发挥高等职业院校教师的自主性和创新性。

（二）管理体制目标多样性

高等职业院校为国家源源不断地培养人才，创新知识，服务社会，扮演着社会“发动机”的角色。因此，高等职业院校在管理目标上是多元的，高等职业院校人力资源需求具有丰富性，这在一定程度上决定了高等职业院校对教师个人目标的实现也有多样性需求。

高效的人力资源管理体制应该是考虑多方面目标的实现，而不能仅拘泥于某一个目标的设定，同时满足个人目标和组织目标。深入考虑教师需求状况，为教师能够更好地工作创造良好氛围，引导教师构建合理科学的个人目标，将学校与教师目标整合起来，实现两者的最佳结合。

（三）不同管理理念的统一性

1. 制度化管理与人性化管理的结合

管理者的管理理念在高等职业院校教师人力资源管理中发挥着重要作用，虽然管理理念的不同会形成不同的管理模式、管理机制、管理体系等，也会在很大程度上影响高等职业院校的办学效益和办学方向，但不同的管理理念之间并不冲突，因为管理目标是确定的，在管理理念上是融会贯通的，只要做到吸取不同管理理念的优点，并将其结合起来，同时去除不相协调的部分，定能实现最终目标。因此，对于高等职业院校来说，一方面要加强人力资源刚性管理，另一方面又要顺应后现代性的要求，将柔性化管理也加入进来，实现制度化管理与人性化管理的充分结合。

2. 管理的本质与核心

成熟的高等职业院校教师人力资源管理体制，应该是规范化的管理，只有管理规范化才有行为规范化，使高等职业院校在管理上井井有条，包括规范教师引进机制、聘用考评机制，可以具体到规范课堂上的教学与教案设计，将无序变为有序，这也是一切管理的本质与核心。

同时，高等职业院校教师具有劳动自主性和差异性的特点，在管理中高等职业院校领导者要将其充分重视起来，将柔性化管理融入教师管理体制当中。在高等职业院校教师人力

资源管理中，首先要接受教师的个性化需求，高度尊重教师并恰当地采用与之相适应的个性化管理方式和手段，使教师在工作中得到认同和鼓励，这也是对教师教学、科研工作的重要支持。总之，要在适度规范化的基础上进一步给予教师自主权。

3.提升整体竞争力

高等职业院校教师人力资源管理体制，是一种基于高等职业院校整体发展战略的人力资源管理模式和管理机制，它的重心是规划和实施符合高等职业院校长远发展目标的人才战略，将教师个人绩效与高等职业院校整体目标相结合，从而提升全校整体竞争力，实现高等职业院校办学效益最大化和社会效益最大化。当今社会，激烈的知识竞争使人力资源变成了价值增值的主要原动力，不同的管理理念具有统一性，因此，我们要将其结合起来，共同发挥作用，为提升高等职业院校办学效益贡献力量，这在一定程度上成为各大高等职业院校提升整体实力的迫切需要。

第八章　高等职业教育管理体制效率提升策略

第一节　高等职业教育学生管理体制创新策略

一、我国高等职业院校学生管理体制发展趋势

高等职业院校学生管理的目标应是促进学生发展，同时包含教育、管理、服务职能。在未来学生管理过程中以人为本，充分发挥高等职业院校学生管理的育人功能，注重学生思想品德素养，促进学生自主发展，采用服务型行政事务管理方法，满足学生合理性需求。高等职业院校学生管理者在学生管理过程中只是起着辅导的作用，充分体现学生的主体地位，信任学生的自我管理能力，以“思想政治教育＋服务＋学生自主发展”为理念开展学生管理。

（一）未来高等教育在校学生的特征

1. 个人自主意识彰显

随着社会经济利益分配沿着竞争规律流动，市场经济的一个突出特点是按照市场法则平等竞争。社会政策对个人利益表示承认和肯定。因此，市场经济不仅从经济上要求独立个人的形成，而且在观念上要求强化人的主体意识。

当前以及未来的高等职业院校学生处于市场经济这一大环境，首先应具有较强的自主意识。这种自主意识一方面表现为要求对自身价值、自我尊严的追求；另一方面表现为自我意识、民主意识、平等意识等新观念的蓬勃兴起。就业市场的竞争，关心个人发展机遇，自立、竞争、公平、效率等时代意识强烈，这使高等职业院校学生更加注重自我完善，表现出对市场经济亟须的新知识以及新技能的强烈求知欲。高等职业院校学生积极思考并明确自身价值，及时确定人生坐标，最大限度地实现自我价值。

2. 注重个人创新意识培养

未来的高等职业院校学生首先具有较强的自主意识，其次注重个人创新意识的培养。创新是一个民族进步的灵魂，是一个国家兴旺发达的不竭动力。培养学生首创精神和学会创业，应引起高等职业院校的重要关注，目的是使毕业生更容易立业。高等学校的毕业生不再被称为求职者，相反，他们更将成为创业者。知识经济的时代，知识质与量的不断更新与增加，技术革命成果不断涌现，要求高等教育必须把重视创新精神、注重实践能力、突出个性特色的人才培养作为我们未来工作的重要目标。

随着我国不断推进经济发展方式的转型，致力于将我国建设成创新型国家，而这需要创新人才的大量涌现。学生对事物所持有的兴趣与好奇心是培养学生创新意识与创新精神的前提条件，要激发学生的学习兴趣和好奇心，高等职业院校在学生管理过程中应做到以下四点。

①营造有利于学生独立思考、自由探索、勇于创新的良好校园氛围，尊重学生的个人选择，善于挖掘学生个人的潜力，鼓励学生个性发展、自主发展。

②建立有利于选拔创新人才的制度。

③制定评价创新人才标准。

④制定灵活多样的课程选修制度，给予高等职业院校学生条件支持，开展国际合作等方式，从而培养具有创新精神和创造能力的人才。

（二）"思想政治教育＋服务＋学生自主发展"的学生管理理念

存在主义哲学理论与学生发展理论是学生自主发展理念的重要理论支撑，未来高等职业院校学生中应以哲学和心理学理论为基础，树立"思想政治教育＋服务＋学生自主发展"的学生管理理念。

1.学生管理理念的理论基础

存在主义强调人的存在先于思维、行动，重视个体独立性的存在。人不仅存在理性的一面，也有非理性的一面，追求的是多样的发展，而不仅只是掌握更多的理性。尽管个人发展方向不同，但自我提升的权利是平等的，因此应相信每个人自身都具备独立性、责任性和社会性。

学生管理者应激发学生的主观能动性，培养学生的独立性、责任感和社会性行为，为学生的学习提供便利，促进学生自主学习。学生管理者应为学生自我合理需要提供服务，与教学工作者一起为促进学生的自主发展而共同努力。

2.学生的管理理念分析

（1）加强高等职业院校学生思想政治与思想品德教育

提出"思想政治教育＋服务＋学生自主发展"的学生管理理念，首先应加强对高等职业院校学生的思想政治与思想品德教育。从古至今，我国就一直重视学生的品德、道德。《左传》记载：太上有立德，其次有立功，其次有立言，虽久不废，此之谓不朽。意思表示为，道德修养是人生的最高境界，其次是建功立业，再次是著书立说。树立道德是人生的第一位。

学生的品德教育是教育家陶行知身体力行的教育，道德自律的办法是他在教育学生时一贯的要求。当人们对自己的罪行或过失负有责任时，就会产生强烈的不安、羞愧和负罪的情绪体验，即内疚。内疚者往往有良心上和道德上的自我谴责，并试图做出努力来弥补过失。适度的内疚感有益于改善人际关系，更好适应社会生活，而过多的或过少的内疚感则不利于学生身心健康发展。因此，个人的道德是社会公德的基础，只有个人的道德建立起来，才有资格谈及社会公德。

"光有品行没有知识是脆弱的，但没有品行光有知识是危险的，是对社会的潜在威胁。"教人做人是高等教育的重要目标，高等职业院校学生要做有道德的人，只有在道德的基础上，才能做人中人，即做追求真理的真人，在追求真理的道路中，敢于做有创造的人，敢于做为真理而献身的人，将真善美的人格集于一身，是高等教育未来应实现的宏伟蓝图。

（2）采用服务型行政事务管理方法

设立完备的学生管理机构服务于学生需求，更直接地为学生学习提供便利，将高等职业院校学生事务管理与学术管理结合起来，共同促进学生学习和个人发展。学生与学校的关系是平等对话的关系，学校尊重学生的权利与人格，关心学生的学业进步、品格塑造与心理养成，通过各种服务性事务类的管理，为学生的学习、生活服务及自主发展提供保障。

(3)深化学生管理体制改革，促进高等职业院校学生管理民主化

我国高等职业院校管理制度不断地深化改革，推进民主化。赋予教授在学术事务管理中更大的决策权力，是未来我国高等职业院校管理走向民主化的一大表现。而推进高等职业院校管理民主化的另一重要表现是在高等职业院校学生管理方面，给予学生更多的自主管理权利。高等职业院校应从以下四个方面努力。

①制定相关制度鼓励学生进行自主管理，在宏观上给予方向性指导。

②鼓励学生参与高等职业院校学生具体事务管理。

③鼓励学生成立各种社团，如学生会、青年志愿者协会、管理日常学生事务。

④学校设有主管学生工作的机构，在宏观层次上给予指导，负责审批学生社团，指导学生会工作的开展。学生管理是以学生发展为导向的教育活动，最终目的是服务于人才培养，使学生得以成长成才。

通过学生自我管理从而促进学生自主发展，是高等职业院校学生管理的最高目标。高等职业院校在学生管理过程中需营造宽松的氛围，让学生自主发展，尊重学生个体选择，充分发挥学生的个人兴趣与特长，挖掘每个学生的优势潜能，这是未来高等职业院校学生管理所追求的。而要达到学生自主发展，需要在教育价值取向上确立个体人的生命价值，而不是强调教育的社会工具价值。树立正确的学生观，在学生管理过程中重视学生的需要、兴趣、创造力和自由，充分尊重学生的尊严、潜能和价值，重视培养学生的主体性，使学生成为有进取意识和创造精神的社会主体。

我们要将“思想政治教育＋服务＋学生自主发展”的理念贯彻到高等职业院校学生管理工作之中，不仅在观念上重视学生的思想政治教育，最重要的是将学生的思想品德教育落实到实际管理中去。采用服务型行政事务管理方法，满足学生各种服务型需求。高等职业院校学生管理者在学生管理过程中只是起着辅导的作用，只有充分发挥学生的自我管理能力，营造宽松的氛围，才能促进学生的自主发展。

二、我国高等职业院校学生管理专业化取向体制

(一)高等职业院校学生管理工作概述

高等职业院校学生管理工作既是职业的一种类别，也是高等职业院校教育中的一项基本任务。

1.高等职业院校的主要任务是培养高素质、高技能的人才

以满足社会发展对人才的需求，为国家的发展建设培养接班人。高等职业院校对人才的培养不仅是专业知识和技能的传授，还包括对学生的适应能力、人格形成、道德建设等多方面素质的培养。高等职业院校学生管理不仅为高等职业院校教学服务，更对学生形成正确道德观、价值观、人生观具有重要的作用。高等职业院校学生管理工作经历了长时间的探

索和发展，在管理体系、管理理念、管理方式和人员配备方面日趋成熟。

2.高等职业院校学生管理是一门具有很强实践性的学科

它将教育学、管理学、心理学等多种学科加以融合，具有综合性特点。随着教育改革的持续进行，高等职业院校学生管理工作不断探索、不断发展，已从重单方面的强制性的说教、灌输模式逐渐向以人为本、服务化和制度化的方向转变。高等职业院校学生管理工作涵盖范围广泛，以引导学生思想的正向发展、为学生生活需要服务、指导学生就业发展、对学生进行心理健康的维护等多方面为工作内容。

（二）高等职业院校学生管理走专业化发展道路的必要性

高等职业院校教育是国家人才培养的重要行业，为社会各行各业的发展培养专门的人才，是国家发展的主要推动者。任何一个行业的发展，都是从不成熟到成熟再到专业化的过程，每一种行业分工最终的发展趋势都是具体化、专业化。

1.职业发展的专业化

专业化无论对于从业者本身的发展还是整个行业的发展都具有非常重要的意义。学生管理的专业化是将学生管理工作作为一个专门的学科类别，同会计、法律、金融等专业一样，具有更强的专业性。从业人员也同其他从事专门性职业的群体一样，具有更专业的知识素养，为社会培养本行业的专门人才。我国高等职业院校学生管理工作对管理和被管理两方来说，是服务与被服务的关系，强调的是双方之间的互动性。学生是服务的主体，占据着主动的地位。为了满足对新一代高等职业生的管理需要，高等职业院校学生管理者必须了解现代高等职业生的心理特点，用更加专业的知识和理论，采取更加专业的管理方法，做好现代高等职业院校学生的管理工作。

2.培养实践性和业务性强的职业素养

高等职业院校学生管理工作者不需要像高等职业院校中的专业教师那样具有高学历、高知识储备，无论谁来干都可以胜任此项工作。其实从本质上来说，高等职业院校学生管理工作是集教育学、管理学、心理学于一体的综合性学科，其专业性强，专业要求高，从事学生管理工作的人员在专业素质方面的要求更高，而且要具备丰富的实践经验。具体来讲，学生管理工作人员不仅具有教育学、管理学、心理学等学科理论知识的储备，还要具有能够亲力亲为指导学生的社会实践工作、学生的日常工作、学生的心理健康、学生学习生涯的规划、各种专业特色研讨会的开展、学生活动的组织以及学生就业指导等实践性强和业务性强的职业素养。

3.为高等职业院校教育事业服务

学生管理工作从业人员都受过高等职业院校管理工作的专业教育，国家也会专门针对学生管理工作开展专门的业务培训。在我国国内的学生管理工作从业人员素质良莠不齐，理论知识储备欠缺，专业化程度低，而且执行行政式指令的工作模式，工作缺乏针对性，学生管理工作缺乏完善的管理体系和有效的管理制度，人员流动性大，学生管理工作很不理想。因此，学生管理只有走专业化的发展道路，才能从根本上提高学生管理工作的质量，为高等教育事业服务。

（三）高等职业院校学生管理工作专业化理念的建立

随着高等职业院校教育改革的深化，高等职业院校内部管理正在进行根本上的更新和变革，学生管理工作已经呈现出专业化的发展趋势。职业经过分化和发展，必然形成专业，从而形成强调专业知识和技能的职业。

1.职业分类的角度

专业是指群体经过专门的教育学习和训练，具有高深的、独特的专门知识和技术，按照一定标准进行职业活动，从而解决人生和社会问题，促进社会进步并获得相应报酬待遇和社会地位的专门职业，可以说，现如今高等职业院校学生管理工作已符合职业专业化的标准。

2.社会的角度

现在学校管理学知识体系日益完善，在国内的高等院校的教育学院都有教授教育管理学的内容，在一些高等职业院校管理中已经有自己特定的管理方式和技术形成。另外，在高等职业院校内部对学生管理工作从业人员的知识技能已经有了一定的要求和标准，高等职业院校越来越重视学生管理工作从业人员的业务培训。而且，从社会角度来看，高等职业院校管理职业在社会中已经是一个职业阶层存在。

3.专业发展的维度

作为高等职业院校教育管理专业人员，获得系统而明确的专业理论知识是专业发展的又一重要维度。高等职业院校管理的教育性、综合性与复杂性要求高等职业院校学生管理工作者更应具有符合教育者、领导者和管理者角色要求的知识结构。专业伦理是高等职业院校学生管理工作专业最根本、最直接的体现，它包括从业者的职业道德、行为规范以及高等职业院校学生管理工作者的专业态度和动机，而专业态度和动机又是专业特征形成和发展的动力和基础。自我专业发展意识是保证高等职业院校学生管理工作者不断自觉地促进自我专业发展的内在主观动力。

（四）高等职业院校学生管理工作专业化的制度保障

高等职业院校学生管理工作受多方面因素的影响和制约，学生管理工作制度不仅是高等职业院校学生管理工作中最重要的影响因素，而且是学生管理工作开展的基础，为学生管理工作的贯彻落实提供制度支撑和保障。对于高等职业院校的发展而言，不但要加强硬件方面的建设，努力提升学生管理工作的实用价值和实际效果，而且在软件方面也要建立健全学生管理工作制度，为学生管理工作的开展提供有力的制度保障。

1.以制度形式明确学生工作管理的地位

高等职业院校出台的一系列的制度、规则或者年度工作规划要明确学生管理工作的地位，不仅为学生管理工作提供制度保证，还要有一定额度的配套服务经费的划拨，在经济上给予支持，从制度和财力、物力等方面共同为学生管理工作的有效、健康发展提供支持和保障。随着教育形势的发展，高等职业院校学生管理工作应该与时俱进，根据形势的变化及时做出调整，使其与社会和教育的发展相适应。因此，明确学生管理工作在学校总体工作中的地位，遵循学生管理工作的服务宗旨，建立健全相关人员准入、考核、评比机制对提高学生管理工作显得十分重要。

2. 以制度形式确保学生管理工作岗位的职业化

高等职业院校学生管理工作岗位具体包括对学生进行思想政治的管理，心理健康的管理，为学生就业提供指导，进行法律法规教育，进行学生社会实践管理等。这些工作细化到学生管理工作的各个部门，对于部门岗位，应该建立明确的制度和规则，为管理工作的执行提供保障，确保岗位工作人员具有过硬的专业知识和专业技能。

岗位人员在选拔和聘用的过程中，除了理论基础知识以外，对于思想政治岗位的工作人员要求具有本专业的知识素养；心理健康管理岗位的工作人员要求具有心理辅导的经验，并通过国家认可的执业资格认证考试；在法律教育岗位的工作人员要具有法律专业知识并具有丰富的经验；这些岗位都需要有规范的制度提供保障。

3. 采用艺术性学生管理模式、制度激励创新

高等职业院校学生管理工作的主要对象为高等职业生，高等职业生是青年群体中的典型，具有自身的特殊性。在高等职业生群体中工作，为他们提供服务，对各种事件处理的好坏直接对高等职业生人格的形成和社会认知以及人际关系的培养有着重要影响。因此，艺术化学生管理培养模式，使学生在接受学校管理工作过程中，不流于表面，而是发自内心的认可。将教育管理深入学生内心，使学生在社会交往的层面上得到正确的认知，这是学生管理工作的意义所在。

以制度化的形式采取适度的激励，使学生管理工作人员优秀的工作表现和成果受到认可和鼓励，将激发工作人员的工作积极性，对工作更有兴趣，勇于创新，从而在整体上提高学生管理工作的质量。

高等职业院校学生管理工作的职业化强调高等职业院校学生管理工作是一个独立的社会职业，而高等职业院校学生管理工作的专业化则要求提高高等职业院校学生管理工作从业人员的专业水平。通过高等职业院校学生管理工作专业化，进一步发展高等职业院校学生管理工作的专业精神、专业知识、专业能力和专业伦理，提高高等职业院校学生管理工作者的专业水平。

三、我国高等职业院校学生管理人本化取向体制

教育的发展、管理制度建设的出发点就是要把学生的根本利益和发展放在首要位置，真正将以人为本的科学发展观运用到具体的教育管理实践之中，针对目前高等职业院校学生管理制度人本化缺失的问题，首先要从建构人性化制度着手，从促进学生全面发展的角度出发，坚定“以生为本”的信念，赋予学生应有的权利并建立健全柔性管理机制，加强高等职业院校人本化学生管理来顺应当今高等职业院校学生管理制度的需求并且弥补制度的不足。

（一）坚持“以生为本”的管理理念

建构人本化高等职业院校学生管理制度，转变传统的高等职业院校学生管理思维，树立“以生为本”的管理理念，实现学生的全面发展是现代高等职业院校教育的出发点和落脚点，实现高等职业院校学生人本化管理制度是创新探索符合高等职业院校学生心理行为新特点的管理模式，是做好高等职业院校学生管理的基础和有效途径。“以生为本”的理念是人本

化管理理念的题中之意,“以生为本”应以满足学生需求、促进学生发展、实现学生价值为本,“以生为本”最简单的理解就是“把满足学生的需求作为学生工作的目标和核心”。

做到以学生为先,把学生的培养放在高等职业院校一切工作的首要位置;以学生为重,不能因为突出科研工作、国际交流、教学质量等忽视学生管理工作;以学生为主,不仅充分尊重学生的主体地位,而且要在管理中以学生为主,让学生自我教育;以学生为荣,把培养高素质的学生和学生取得的荣誉看作各项工作最大的成绩。随着教育的发展、管理制度的改革,高等职业院校学生管理的出发点更是要把学生的根本利益和发展放在首要位置,真正将以人为本的科学发展观运用到具体的教育管理实践之中。

1.坚持“以生为本”,构建生本位思维

长期以来,在高等职业院校学生管理工作中,管理者和学生这两个主体之间处于一种不平等的地位,高等职业院校往往把学生管理工作宏观地看成高等职业院校工作的一个环节,从学校利益衡量学生的管理。相比之下,忽略了学生主体的需求,严重束缚了学生的自我意识、独立意识和主人翁意识。

“以生为本”的管理理念,要求学生管理工作者打破传统的“以师为本”或者“以校为本”的管理理念,充分认清“我是谁”“管理依靠谁”“管理为了谁”,从学生管理工作的实际、学生这个核心群体的实际出发,考虑主体的根本需要,针对学生的特点,尊重学生的权利,侧重发挥管理者的激励引导作用,特别是在保护学生合法权利上,不能以片面的集体主义牺牲学生的合法权利,提高对每个学生个体的重视程度,使学生获得全面个性的可持续发展,使国家与学校的人才培养目标和学生的成长需求相结合,从而得到真正的统一。

2.坚持“以生为本”,凸显管理型服务

现代高等职业院校管理理念普遍认为对学生的管理实际上都是为学生的成长和发展而服务的。学生在发展的过程中需要什么样的管理,高等职业院校就应当把这种管理作为一种服务提供给学生,而不是把这种管理当做一种资本凌驾于学生之上。这种服务型管理把管理学生、教育学生和服务学生三者有机结合起来,特别是要凸显管理服务于学生的理念。

在管理制度建设、规章制度的定制上、管理者的管理实践和实施上都要摆正自己的位置,树立管理服务而不是服务管理的意识。彻底改变过去片面强调学生对整体社会的价值义务,把学生的主体价值放在社会整体价值之内,充分满足学生的生存和发展需求,促进学生个人价值实现和集体价值实现的有机统一。这既是现代教育的发展趋势,也是新形势下实现管理型服务的现实需求。

3.坚持“以生为本”,彰显个性化发展

由于内外环境的多样化,每个学生必然存在着不同程度的差异,并且这种差异很难随着主观意志的转移而转移。以生为本就是要承认并尊重学生的个体差别和个性差异,顺应学生身心发展规律,因人而异,因材施教。高等职业院校的高等职业生都是具有独立思考能力的个体,是充满朝气和活力的,同时这个群体也引起社会各界的高度重视并寄予厚望,因此在尊重学生个性差异的基础上,还要从整个国家和民族的高度对学生进行引导、规范和管理。

从学生个人的内外成长环境上看，在个人认知和性格特点上都存在着差异，因此在注重学生差异化的基础上，还要对学生个人的成长道路、思想道德等进行有针对性的引导。在学习和生活当中需要让每个人的思想都能在这个群体中闪光，并不强调大家的思想高度一致，强调思想一致对一个高等职业院校的管理是非常不利的，完全不同的甚至对立的思想互相碰撞，这样的高等职业院校才是一个有创新机制的学校。

（二）更新优化学生管理制度体系

制度伦理化和伦理制度化都属制度伦理研究的范畴。制度伦理化是指社会体制的道德性，表现为内在于一定体制的制度、法律、法规、政策、条例等所分配权利和义务的公平性和合理性；伦理制度化是指人们把一定社会的伦理原则和道德要求提升，规定为制度，并强调伦理的制度化、规范化和法律化。无论是制度的伦理化还是伦理的制度化，对实现当代高等职业院校学生管理制度体系都有理论意义和指导意义。

第一，制度伦理化与伦理制度化是密切制度与伦理之间关系的两种不同思维导向，前者重在对制度本身进行道德上的评判和矫正，通过内容的建构促使伦理原则和道德观念在制度中的渗透与落实；后者强调将某种社会倡导、公众认可的道德规范转变成为具有强制效力的制度。两者在管理秩序的重整与道德建设中发挥着各自不同的功能。在构建人本化高等职业院校学生管理过程中，制度的伦理化更应当成为制度优化、创新的首要选择。制度应该伦理化，不合乎伦理的制度是没有生命力的；同时，伦理也应该制度化，符合人们广泛认同的道德标准和审美取向的伦理通过制度化以后，更有利于发挥其作用。

第二，学生是高等职业院校最核心的主体，是高等职业院校服务的对象，高等职业院校的责任和义务就是帮助学生实现全面发展。现行的高等职业院校学生管理在理念和应用中，都不同程度违背甚至超越蕴含在高等职业院校学生管理中的伦理，而符合伦理的却还未形成制度。当前，高等职业院校正处于全面改革的阶段，在高等职业院校学生管理制度创新的过程中要坚持制度的伦理化、伦理制度化的"两手抓"。对不符合伦理规范的制度进行调整，补充符合伦理规范的新制度，这本身就是一种重要的创新。

1. 更新学生管理制度体系建设理念

（1）融入文化管理机制

在高等职业院校学生管理的实践中，全面提高学生的自我约束能力和理性自主能力是高等职业院校管理发展永恒的追求。人类的基本行为是由文化来决定的，由于文化的变化很大，所以对人性唯一正确的判断是它的可塑性很大。人与文化的关系是密不可分的，文化可以塑造人、引导人、管理人。高等职业院校人本化学生管理就是要突出学生在学习和生活中的主动性、主体性和自觉意识，高等职业院校管理文化不仅包含育人理念、学术发展空间、办学特色等要素，也包含管理人员所形成的管理文化，每一种文化的形成都是多种文化主体互相协调、作用而成的，高等职业院校人本化学生管理最重要的目的是唤起学生的文化自觉性，用优秀的文化潜移默化影响学生的行为，最终形成文化管理。

以文化来取代制度，当然不是取消制度，而是制度要人文化，具有人文色彩，充满以人为本的文化温情。因此，高等职业院校学生管理制度应该与人文精神、价值观念、行为准则和道德规范融为一体，得到学生对高等职业院校的管理理念和管理价值取向的高度认同，提升学生的使命感、责任感与荣誉感，增强学生对学校文化的向心力和凝聚力。刚性的制度管理为文化管理起到了重要的保障和支撑作用，文化管理使制度管理得到升华，文化管理充分体现了高等职业院校作为文化机构管理的科学化、人本化。

(2)建立柔性化管理机制

传统的高等职业院校学生管理理念强调的是对高等职业生的思想和行为进行严格的要求和规范，强制性特征明显，学生管理部门和管理者往往对学生采取“压”这种硬性管理的方式，直接导致管理者和被管理者在情绪方面的对立。因此，要把传统的服务于管理的观念向管理服务的观念转变。建立柔性化管理机制，需要做到以下几点。

①要建立“以学生为服务主体”的观念，把服务学生作为出发点和归宿点，想学生所想的最主要的问题，关心学生关心的最主要的问题，解决学生最渴望解决的问题。

②柔性化的管理机制要把激励引导当做学生管理的主要手段，通过制度上的激励，引导学生树立远大理想抱负，专注求学，养成科学的思维方法，特别是在学生的思想“总开关”上下文章，指引学生把个人的成才梦和伟大的强国梦有机地统一起来。

③柔性管理机制的建立要把学生的主体创造性放在重要的位置，不能像过去那样，只谈义务不谈权利，要明确告诉学生在校期间享有的合法权利和应当履行的义务，把权利和义务写进制度的高度并加以保护，在保护学生的权益方面，特别是针对学生的处分决定，要做到程序正当、证据充足、依据明确、定性准确、处分恰当，避免学生和管理者产生硬性冲突。

④建立柔性化的管理机制要发挥学生主体能动性，变被动管理为自我管理。高等职业院校学生管理工作应当充分发挥学生的力量，变被动服从管理为主动参与管理，这种转变是民主理念的要求，也是缓解消除高等职业院校学生管理中的矛盾和抵触情绪的重要手段，这种管理不仅促进了高等职业院校学生管理的发展，而且培养了高等职业院校学生骨干的能力素质，有助于高等职业院校学生培养自主、自立的意识，逐步消除对家庭、社会、学校的依赖，使学生在思想上得到进步。学生参与到管理中也是对管理工作理解的过程，通过这种过程，高等职业院校学生不仅得到能力素质的锻炼，更是对制度存在的主观情感的转变。

(3)建立制度反馈机制

及时做好学生意见的处理工作是新时期制度改革所面临的重要任务。高等职业院校要建立健全有效的学生制度反馈机制，在信息交互和反馈的过程中，学生意见的反馈和解释直接关系到制度的合理性、执行力与落实情况。学生与管理者之间可以相互表达自己的想法、倾听他人的意见，有利于达成共识并形成共同的愿景。

学校应该设立学生管理制度反馈部门，收集学生对学校管理制度的意见，高等职业院校各职能部门将收集的信息进行分析整理，研究并制定改革方案。同时，要做到反馈及时化、经常化、规范化。学校要向学生公开学校工作计划、进程等相关内容，学生应享有对高等职业院校各个职能部门的监督权，确保高校管理制度民主化、规范化。高等职业院校要从人本化的角度对学生权利制度进行完善和重构。

2.优化学生管理制度体系实现途径

为了进一步推进人本化高等职业院校制度建设的进程，顺应我国国情和时代的要求，应做到如下方面。

(1)推进政校分开、管办分离

将现代学校制度的实施进一步深化，积极探索适应我国高等职业院校实情和学生发展的管理制度，从宏观的角度上，要努力构建政府、学校、社会之间的新型关系。克服行政化倾向，改变当前中国高等职业院校的隶属关系，把高等职业院校从国家的行政体制中脱离出来，取消实际存在的行政级别和行政化管理模式。

(2)完善学校内部治理结构

完善党委领导下的校长负责制，形成科学有效的决策方式。完善高等职业院校校长选拔任用办法，发挥学术委员会在学科建设、学术评价、学术发展中的重要作用。探索教授治校的有效途径，加强教职工代表大会、学生代表大会建设，激发学生参与管理的内在动力，发挥群众社团的作用，积极借助社会力量加强学校的学生管理。

(3)加强高等职业院校章程建设

教育主管部门要积极落实对高等职业院校章程的审批工作。及时出台相应的高等职业院校章程报送审批制度，制定各类学校的办学标准或按学校类别出台不同类型学校的章程样稿。多种形式宣传高等职业院校章程的价值和相关理论知识，提高相关主体对高等职业院校章程的认识和建设高等职业院校章程的自觉性。高等职业院校内要提高对高等职业院校章程的认识，成为学校章程建设的表率。学生管理的相关主体通过多种形式加强对高等职业院校章程的认识。

(4)扩大校企合作

探索建立高等学校理事会或董事会，健全社会支持和监督学校发展的长效机制。

①在学校建设的物质投入方面和项目研发上，加强与企业的合作，促进知识的价值实现。

②在人才输送和学生就业方面，通过和企业的合作，帮助学生树立正确的目标和价值观念。

(5)推进专业评价

鼓励专门机构和社会中介机构对高等学校学科、专业、课程等水平和质量进行评估，通过定量、定性的指标和不确定性指标的综合衡量，包括学生和家长的满意程度，学生的就业、发展情况，形成中国特色学校评价模式。

(三)发挥学生在管理制度建设中的主体作用

发挥高等职业院校学生在管理制度建设中的主体作用，既是符合高等职业院校学生管理特征的现实需要，也是推进高等职业院校学生管理制度确实服务学生发展的必由之路。

传统的高等职业院校学生管理制度建设无论参与者还是制度本身的理念、内容，更多体现着校方意志和管理需要。随着现代高等职业院校管理理念被普遍接受和高等职业院校学生群体的自主性不断增强，传统的由管理者主导的制度建设越来越难以适应管理的现实需要。高等职业院校学生管理必须根据新时期高等职业生的年龄特征和心理特征，充分调动和激励学生的内在积极性、主动性和创造性，确立高等职业生对于自身管理的主体地位，发挥高等职业生在管理制度建设中的主体作用。

以生为本的管理理念在制度建设中的体现就是要尊重学生的主体地位，尊重学生的主体地位首要就是承认学生的主体价值，学生作为社会上的人，除了要致力于实现社会的整体价值，还要实现自我的价值，这种自我价值通常表现为对其自身生存和发展需求的满足，以及对学生人权的尊重等。因此，在管理制度建设中，要充分认清并尊重这样的现实状况，不能像过去那样片面放大集体价值的实现，过分抵制高等职业院校学生的自我价值实现，要在制度建设上尊重学生的主体地位，首要的就是要反映高等职业院校学生价值的实现。

1. 推进依法治国在高等职业院校学生管理领域的落实

从法律上确定高等职业院校学生参与学生管理制度制定的权利，特别是让高等职业院校学生在涉及切身利益、敏感问题，如收费、处分等方面有充分的参与权和自由的发言权。

2. 可以依托学生这个被管理群体，实现学生自主化管理，有效地减少管理主体和客体之间的冲突

陶行知说过“最好的教育是教育学生自己做好自己的先生”，最主要的是要在制度的内容上，多给予高等职业院校学生自主管理的权限范围，确实把学生看做一个可以信赖的、能动的主体，在充分尊重学生意愿的基础上，实现学生的自我管理和自我发展。

3. 依靠学生构建制度建设的矫正机制

实践是检验真理的唯一标准，人本化高等职业院校学生管理制度建设中，必须在管理实践中不断发挥学生的主体作用，及时收集反馈制度建设存在的不足，坚持以学生的发展作为出发点。学生主体也应当在矫正机制中起到主要作用。

当前，高等职业院校在学生管理过程中最重要的任务就是要增强其管理服务意识，传统的高等职业院校学生管理制度的影响还长期存在，要真正体现学生的主体意识还要彻底解放思想，要从传统的社会价值向注重学生的全面发展转变。学生实现自我管理的意识，学生地位由传统的管理客体向管理主体转变。特别是在制度建设中充分唤醒学生的主体意识，激发他们的积极性和创造性。

（四）推进学生管理的差异化与个性化

高等职业院校学生群体多样化已经成为高等职业院校最主要的特征之一，集中体现在每个学生的成长环境差异、发展需求上的差异等方面，要求在高等职业院校学生管理制度建设中正确把握其共性和个性，特别是对特殊学生群体的政策在制度建设上应当进一步完善。主要针对特困生群体、关系不良的学生群体、成绩落后的学生群体、不被重视的学生群体、待

就业的学生群体、情感受挫的学生群体、意志薄弱的学生群体、适应能力差的学生群体、少数民族学生群体等应当具有针对性管理的制度和措施，这些群体中存在不同程度对待高等职业院校学习生活消极被动，容易焦虑和自卑，不愿和同学相处甚至极易受到高等职业院校环境中负面因素的影响并产生悲观、绝望、无助、空虚等心理，在制度构建和管理实践中必须突出这些管理的重点和难点。全面开展高等职业生特殊群体普查工作，了解和掌握他们的真实情况。在加大日常管理力度的同时，还要特别注重以下几个方面的内容。

1.要更新高等职业院校学生思想政治教育的内容和体系

传统的高等职业院校学生思想政治教育还存在着少数人对教育的认识不到位，教育的针对性不足，资金投入不够，政治理论课的时效性不强、感染力不够等问题，评定学生培养质量的唯一标准就是学生的学习成绩，严重制约了学生的全面发展。人本化高等职业院校学生管理要求高等职业院校必须把思想政治建设摆在各项工作的首位，贯穿在高等职业院校育人的全过程，成立专业的高等职业院校学生思想政治工作队伍，探索完善适应新形势和高等职业院校学生新特点的学生思想政治教育领导机制和工作机制。帮助高等职业院校学生特别是特殊学生群体树立正确的人生观、价值观、世界观，树立崇高的理想和道德追求，特别是要提高高等职业院校学生辨别是非的能力、忍受挫折和逆境的能力，学会正确地对待和处理学习和生活中出现的实际问题，学会融入环境实现发展。

2.要健全高等职业院校学生心理疏导工作机制

高等职业院校学生中的特殊群体往往是心理问题多发的群体。当面对理想和现实的差距时，或多或少会出现失望、焦虑等负面情绪。如果自我调节无法消除这些负面情绪就容易发展成为心理问题。因此，高等职业院校学生的心理疏导工作必须立足帮助学生解决实际、现实的困难，消除心理的困惑，使其心理和人格向健康的方向发展。

首先，高等职业院校应当建立完善的心理咨询机构，并且让这种咨询机构流动起来，服务于高等职业院校学生特别是特殊群体之间，主动靠上去做工作。

其次，高职院校应当对教师、学生管理者甚至是学生干部开展广泛的心理疏导相关培训，把心理疏导能力作为衡量高等职业院校学生工作者的重要指标。最主要的是要形成常态化的学生交心、谈心制度，及时了解学生的真实情况和实际想法。尊重每个学生的个性思想，立足尊重和促进学生的全面发展，做好心理服务工作。

3.创造良好的人际氛围

高等职业院校有自己独特的文化和环境，人际氛围是由学生群体创造的，也影响着每一个高等职业院校学生。和谐、友爱、平等的人际氛围，不仅能陶冶学生的情操、开阔学生的胸怀，而且有利于消除或缓和人际交往上的矛盾。高等职业院校必须从思想上宣扬主旋律，把提高学生的道德水平作为基础，营造互帮互助、民主平等、宽以待人的人际交往氛围，消除学生群体之间的隔阂，消除特殊学生群体的孤立感。

（五）完善高等职业生的维权机制

由于高等职业院校学生的利益纠纷往往局限在校内，因此高等职业院校学生的维权机制也应当立足于校内。在高等职业院校学生维权机制的构建中,虽然各个要素的地位和作用不同,但是整个机制运行过程中,每个要素之间都存在着非常紧密的联系,每个要素都体现着整个维权机制的综合作用和功能,都是为了最大限度地保护高等职业院校学生的合法权益。

1.高等职业院校要明确高等职业生维权机制的主体

进一步明确高等职业院校学生的权益由谁来维护,最要紧的就是要明确高等职业院校学生在高等职业院校中的地位及学生和高等职业院校之间的关系。高等职业院校应当主动承担维护学生合法权益的义务,不能像管理企业、教师、军人那样去管理高等职业院校学生,也不能把学生作为社会中的一般群体对待,更不能忽视、漠视高等职业院校学生的任何一项权益。作为学生管理者,不能把学生的管理当做是一种简单的制度维护,必须时刻记住自己是学生的服务者,是学生权益维护的第一责任人,高等职业院校的各个部门对学生的权益都有保护的义务,特别是不能因为学校的利益忽视学生的利益,为了部门利益侵犯学生的利益。

学生是权利的主体也是维护自身权利的维护者之一,既要明确、正确对待自己的权利和义务,不能容许权益被侵害,也不能因为维护自己的权益侵害学校或者其他学生的合法权益。

2.需要对相关制度进行维权

高等职业院校学生维权制度的建立是完善高等职业院校学生维权机制的关键。制度是高等职业院校学生维护合法权益的硬件,维权机制是高等职业院校学生维护合法权利的软件,只有软硬件相结合才能确实保护好高等职业院校学生的合法权益。只有建立维权相关制度,高等职业院校学生的维权工作才有依据,才能有根本的保障,才能长期坚持下去。

建立监督制度,赋予学生权利来监督高等职业院校方方面面的建设,必要时应当建立社会舆论媒体监督高等职业院校的渠道。特别是在高等职业院校处分学生的时候,让学生充分介入。此外,还应当建立相关的保护性、援助制度,保证学生在接受处理的过程中有依据为自己辩护,有地方为自己寻求帮助。

3.要建立维权的传感体系

信息之间的有效传递是维护高等职业院校学生利益的重要保障。不但能在侵犯学生利益的行为发生时采取有效的措施制止,而且能够在必要的时候给予帮助和挽救。此外,高效的传感体系能够将种种矛盾逐步反馈,避免量的积累达到质的变化。在维权机制尚未健全的过程中,高效的传感机制的作用是不可替代的。因此,既要在学校的党政组织内建立传感体系,又要在学生组织中建立,并且要实现两个系统之间的有机结合。

首先,高等职业院校要努力形成以学生为主、为学生服务的意识,让学生有地方说出自己的想法。其次,要加强高等职业院校学生维权的意识和责任,不但能大胆说出自己的想法,而且要保证信息的真实性和客观性。有效信息的传递是维权工作变被动为主动的重要途径，也只有一个高效的传感体系，维权工作才能落实到每个学生的身上。

第二节　高等职业教育管理体制改革及经验借鉴

一、改革和优化当代高等职业院校管理体制的方法

（一）通过明确职责建立新型高等职业教育管理体制

在当代高等职业院校教育管理体制中，各行政部门的功能和岗位职责的划分不清晰，因此造成了各部门不能很好地履行各自的职责，甚至在问题发生时互相推卸责任，使问题在很长时间内都不能得到有效解决。这种现象的产生是由于各部门缺乏沟通和了解，没有意识到团队的重要性，没有纵观全局、深谋远虑的意识。而改善这种情况的根本措施是明确各部门的职能，使部门间协调发展，建立一种全新的符合时代发展的教育管理体制。

在这样一种全新的符合时代发展的教育管理体制中，各级政府要统筹全局，起到领导作用，调整结构，带领高等职业教育向科学化的方向发展。各高等职业院校也要注重学校内部的教学教育管理，让高等职业学校更加正规化、合理化。只有各级政府部门和各高等职业学校清楚的知道各自的职责，才能优化当代高等职业院校教育的管理体制，避免政府、企业、高等职业院校三方职责不清的情况发生，从而建立一种新型的教育管理体制。

（二）加大对高等职业教育的投资力度

我国当代的高等职业院校无论是硬件条件还是软件条件的建设，从整体上看，都存在着诸多缺陷。例如高等职业院校的师资力量普遍较弱，很多高级教师不愿意进入高等职业院校教学，他们认为高等职业院校太落后。还有硬件方面的建设，例如实验室的设备不完善，导致很多实验课程不能正常进行，从而造成了许多高等职业院校的学生普遍动手能力弱。

要彻底解决这些问题，必须对高等职业教育的管理体制进行优化改革，加大对高等职业教育的投资力度。首先，各级政府要加大宏观调控的力度，使各项经费向各大高等职业院校倾斜，保证高等职业院校的可持续发展，使高等职业院校的各方面水平不低于普通高等院校的水平。其次，改革和优化高等职业教育的办学制度，必须把办学积极性调动起来。社会各方面的投入力度会与高等职业教育的发展有着密切的关系。高等职业教育的管理是由国家、政府、社会以及各高等职业院校等通力合作完成的，教育不再是单个部门的一言堂，而是各级组织共同参与其管理与决策。高等职业院校管理体制改革是为了使各部门的力量成为一体，进而促使我国的高等职业教育进入一个可持续发展的良性循环。

（三）改革高等职业院校现有的招生政策

现在的招生政策对高等学校格外偏爱，但对高等职业院校却是置之不理。高等职业院校的学生都是被高等学校淘汰剩下来的，也就是本科院校淘汰下来的学生或者是根本没有参加高考的学生。这就造成了高等职业院校的生源质量不高，也在一定程度上限制了高等

职业院校的发展，更重要的是引起了社会对高等职业院校的偏见，影响了高等职业院校的长久发展，而高等职业院校发展不好，进而又影响了其招生质量。这就形成了一个恶性循环。要想打破这一恶性循环，就要给高等职业院校一个平等招生的机会，让社会对高等职业院校有一个正确的认知，并对大众报考高等职业院校有一个正面的引导，从而保证高等职业院校的生源质量，以此发展高等职业教育，进而促进国家经济的发展。改革高等职业院校招生制度具体从以下的三点进行。一是改革高等职业院校现有的招生政策，普通高等院校和高等职业院校同时进行招生，实施优惠政策鼓励优质生源报考高等职业院校。二是扩大招生渠道，不要把生源局限于普通高中毕业生。三是把招生范围扩大到社会上，实现招生种类的多元化。让更多的人享受教育，也让高等职业院校，拥有更多优质的生源。

（四）改革高等职业院校的课程设置

一方面，高等职业院校的所有专业几乎都是常见的专业，丝毫没有形成自己的专业特色，因而在高等职业院校毕业的学生没有自己的生存技能，所学的也是所有普通大众所会的基本技能，因此在就业竞争中完全没有竞争优势，经常会被企业所淘汰。而另一方面，企业又急需专业型人才，这就造成了学生就业难、企业招生难的双方困难的情况。要想摆脱这种困境，高等职业院校应该做到以下两点。一是对高等职业院校所设的专业进行调整。取消不必要的专业课程，改成辅修课程。对高等职业院校本身独有的特色专业进行大力宣传，突出其优势和特色，吸引对这方面有兴趣的人才，从而提高国家的就业率，改善学生就业难的情况，同时也解决了企业缺乏人才的情况。二是在高等职业院校增设一些课程，这些课程是有关当地急需某技术的课程，这就在无形中帮助当地企业解决了人才匮乏的情况，扶持了地方企业的发展，促进了国家经济的发展。

二、国外高等教育改革的经验借鉴

（一）赋予高等学校充分自主权

我们的高等教育没有完全摆脱计划经济思想的束缚，没有很好地按照市场经济的规律办事，高等教育领域的多样化、市场化程度远不如经济领域，高等职业院校还没有真正的办学自主权。

高等院校作为高等教育市场的主体，应当健全法人制度，享有充分办学自主权。作为高等教育的主要举办者，政府应以改善高等教育的办学条件、适应社会发展对高等教育的需求为主，对高等职业院校进行宏观管理。特别是对教育资源的提供和支持应进行科学与合理的分配，确保高等教育资源在高等职业院校内部得到充分利用，资源配置效率得到优化。

（二）完善高等教育院校组织机构建设

高等职业院校的教育研究日趋边缘化、综合化，高等职业院校与社会的关系也比以往更为密切，这些变化都促使高等职业院校建立一种新的更为开放积极和自主自律的组织管理体制。在这种体制下，无论设立什么样的机构，都要做到责任、权利与利益的统一。

但是，不少高等职业院校组织机构设置不科学，主要表现在以下几个方面。

1.教育成本居高不下

一方面，目前没有形成规模经营，组织结构中科研和学术人员力量薄弱，校、院两级职责不清，办学效益达不到标准要求。另一方面，在高等职业院校内部教研人员和工作人员都有自己的专业领域，行政管理者不可能面面俱到。因此，高等职业院校在组织机构建设方面必须削减管理机构与非教学人员。

2.专业人才供不应求与过剩的矛盾

由于高等教育教学机构设置的不科学，导致我国高级专业人才供不应求，但是同时又有一部分专业人才需求相对过剩，这种冲突与矛盾普遍存在且短期内无法消除。所以，政府应根据高等职业院校专业与社会需求的实际情况，制定相关政策，帮助高等职业院校应对市场挑战，及时灵活调整专业设置，化解突出的矛盾问题。

(三)进行制度创新，建立科学运行机制

高等教育在自主办学的情况下需要进行一系列机制的制度创新，其核心是建立一套高效的自我激励、自我约束的机制。

根据X效率理论，充分调动高等职业院校体制改革，发挥高等职业院校内部工作人员及教研人员的工作热情必须要建立合理的激励机制。激励的形式既包含工资和奖金之类的物质方面，同时也应包含精神方面的激励，如表彰以及荣誉等。不同的激励方式对工作人员的工作热情及努力程度的激发有着显著的作用。

要实现这种质的转变，不但需要一套科学的运行机制的建立，还需要一套传统的人事管理系统。传统的人事管理重在事务性管理，没有把高等职业院校的人事工作提高到人力资源管理的高度，提高到关系学校兴衰成败的人才战略的高度。

所以，高等职业院校应进行制度创新，建立一套对教师的激励机制与约束机制。激励机制可以调动教师的工作积极性，激发教师的创造性。约束机制则使教师遵守契约，不损人利己，不做对学校有害的事情。

第三节　高等职业教育管理体制效率的提升策略

一、提升高等教育管理体制效率的行为解析

(一)高等教育管理体系“制度化”的形成

高等职业院校组织各种活动及其运作方式，与外部环境的联系与创立，在一定程度上取决于高等职业院校自身良好的内部组织机构。随着社会进步及学术不断创新，必然要求高等职业院校组织结构不断调整，重构高等职业院校行政管理组织结构，以适应高等教育多元化的发展步伐。

行政管理组织结构的设计要根据学校的战略目标而设计，我国的高等职业院校行政管理组织机构基本上都是在高度集中的计划体制下逐步形成的，呈现出以行政权力为主、高度集权的特征。这种结构导致我国高等职业院校行政管理组织结构效率出现问题。

①决策组织和执行组织的一体化。

②集权制下高等职业院校内部管理机构行政权力泛化。

③高等职业院校内设机构之间稳定性与灵活性失衡。

（二）高等教育产权制度的明晰

我国高等教育事业的核心价值观是让高等职业院校的专业型人才培养能够应对社会需求，将科研成果和人才输出更好地为社会发展提供方便。而这一核心价值的实现在于高等学校必须成为一个真正意义上的独立办学实体，能够根据自身的规律和特点发展自己。

所以，建立科学高等教育管理体制首要的问题便是按照政校分开的原则，将举办权、管理权与办学权分离开来，使三个方面分别成为相互独立、相互制衡的主体，各自履行自己的职责。

如何有效地实现三种权力的分离？通过建立委托代理制度，实现三种权力的合理合法分离。实现举办权、管理权和办学权的分离。委托代理制度则是将这三种权力分割的一种有效形式，在现代社会的各个领域中广泛应用。

所谓委托代理，即当事一方将自己的一部分行为以法律契约的形式交由另一方执行，而另一方则按委托方的要求具体执行对方的行为。委托代理制度是一种法律契约制度，分离的双方在法律上享有平等的权利。为了实现三种权力的分离，有以下几种措施。

1. 通过设立代理机构，实现举办者与管理者的分离

在中央和省级政府组建国立或省立高等学校代理机构，代表国家行使投资人的权力，对相应高等职业院校运营状况进行管理和监督。

2. 规范管理者的职能

高等职业院校教育部门应对高等教育实施宏观管理，从大体方向上把握与制定高等教育发展战略规划，对高等职业院校进行教育监督和评估，提供合理科学的服务产品。

3. 明确高等职业院校的法人地位

高等职业院校领导班子作为政府委托人，向委托者负责，代表委托者具体管理学校的事务。通过委托代理制度形成的三方关系表现为：高等学校按照教育部门决策要求，向委托代理机构负责开展办学活动；委托代理机构向政府负责，组织和监督高等学校履行应有的行为。

（三）高等教育运行机制的发展

1. 政府宏观调控

政府长期以来对中国高等教育担负着两种重要职能，一是高等教育资产的所有者；二是高等职业院校运转的管理者。根据这两项职能的定位，首先政府要实现对高等教育资源配

置的宏观调控，放权于高等职业院校转型。其次，实现资产与产权关系的适度剥离，实现政府的社会管理职能与高等教育自我资产管理职能分开，政府与高等职业院校各行其职。政府转变职能是高等职业院校资源优化配置的重点。高等教育体制运行的重要因素就是政府的宏观调控行为。

政府依靠市场和社会对教育资源进行支持调配，进行物资人力的投入，以及对这些资源进行合理监管。克服市场缺陷的发生，调整社会对教育资源的投入和管理，还应该面对社会以及市场的需要，维护和妥善管理高等教育事业的健康运行。

2. 市场积极引导

市场引导下的高等教育只能是在政府的指导和监督下，对高等职业院校提出人才、知识数量和质量的要求，以及向高等职业院校提供支持等活动，刺激或抑制高等教育的发展。具体包括调节人才和劳动力的品种、规格和数量，从而影响各级各类教育的整体规模，促进教育资源合理配置。通过成本核算和评估，促进学校布局和学校规模调整，优化高等教育的资源配置，从而提高教育投资的效益。

3. 高等职业院校办学自主权

学校办学自主权主要体现在招生、专业与系科的调整，机构的设置，经费的筹措与使用以及国际交流等方面的自行决定权。扩大高等职业院校办学自主权实际上就是在政府与高等职业院校之间改直接隶属管理为间接"杠杆管理"。政府不干预学校的内部事务，高等职业院校内部的特殊事务由学校自行管理。高等职业院校通过自身的科学监管，合理配置教育资源，借鉴体制改革的成功经验，使高等职业院校成为独立办学的主体，依法面向社会自主办学。

二、高等教育外部环境"社会化"的建构

社会广泛参与既是现代高等职业院校制度的目标，也是促进高等职业院校达成这一目标的手段，在整个高等职业院校制度中具有重要的意义。自主办学是一个双向互动的过程，社会既是高等教育的消费者，也是高等教育资源的提供者和支持者，离开社会的回应，高等职业院校面向社会就不可能实现。当前我国高等教育社会化程度还不高，市场准入的程度较低。结合我国的实际，主要有以下四个方面的制度建设。

（一）多元化办学体制的形成

逐步建立以政府办学为主体，社会各界共同办学的体制，是我国高等教育体制的基本指导思想之一，推进这一进程将大大改变目前我国在高等学校举办体制上过分单一化的局面，向着多元化形式发展。

我国在高等职业院校举办上除了现有的中央政府与省级政府举办高等教育这两种主要形式外，还应当发展以下其他举办形式。

①中心城市式举办形式，即由地市一级甚至条件许可的县级政府举办的高等学校，其性

质为国家所有。

②以民间私人资本为主的民营形式。

③公办民助的形式，以国有为主，民间资本加入其中，一般在性质上是一种混合所有制。

④民办公助形式，以民间资本为主，公立高等职业院校以多种形式参与其中的活动，并占有一定的份额。

1. 设备用途转移与附加制度

即高等职业院校根据学校特点和专业特点，与相关企业或其他社会单位联合，由合作单位提供设备、场所。通过合作单位在部分时间里改变设备用途等形式，为高等职业院校人才培养或科学研究提供实习设备和科研设施。

2. 完善高等职业院校收费制度

对接受高等教育的学生进行必要的收费是当今大多数国家普遍实行的一种办法，其功能实际是通过学生，将民间资金集中起来用以发展高等级教育，这也是吸收社会投资的办法。在这一方面，关键是要针对不同类型的学校和专业，制定多层次、弹性化的收费标准，并使之规范化。

(二)社会中介制度的供给

在高等教育领域中，社会中介机构具有桥梁的作用。

1. 沟通能力

政府与高等职业院校之间由于信息不对称的存在，往往会出现决策与执行偏差，这个时候，社会中介的介入就显得重要得多。中介专业性较强，沟通能力强，在联络政府与高等职业院校沟通问题上有着重要的作用。

2. 协调能力

通过中介组织的努力，使高等职业院校与政府以及社会其他利益群体之间的关系保持一定的距离，从而减少直接冲突和矛盾。

3. 服务能力

一方面中介通过有效的组合与转化，将分散的研究成果组合起来应用于实践。另一方面，又将来自社会需要的东西设计成为具有操作性的研究课题，提供给教师研究。

4. 行业自律和监督能力

通过本行业制定的规范和公约，保证社会正常的秩序。这种职能能够降低政府行政部门的监管难度和力度，能够将职能作用发挥到政府看不见的地方，使高等职业院校部门与社会能够更有效地进行自治管理。

三、政府供给行为"适宜化"的制度演进

(一)限定政府的权力

由"全能政府"向"有限政府"转变。由微观、直接管理转变为宏观、间接管理。由高度的

中央集权转变为分权和共治。限定政府权力的基本途径主要体现在以下两个方面。

1.加强立法

明确政府赋予高等教育的职能与范围并确保其不越位,明确政府的角色定位与管理范围。

2.简政放权

一方面对于教育行政部门的内设机构及人员要进一步精减,另一方面要理顺政府部门的关系,规范政府部门准入高等职业院校的行为。

(二)改革政府的管理方式,建立新的管理运行机制

政府的教育管理职能从微观向宏观领域转变,实行政事分开,意味着政府教育行政部门应主要干预公共性事务,为高等职业院校运行创造良好的外部环境,以及保证政府提供教育产品和服务的高效率性。

专业性事务中大部分则由学校自己去处理解决,政府只提供相关的机会、信息与条件,以从根本上改变学校作为政府附属机构的地位。改革政府的管理方式,最主要有六种方式,一是法律方式,二是政策方式,三是经济方式,四是市场方式,五是信息服务的方式,六是监督评价的方式。

(三)建立中央与地方两级管理、以地方为主的管理体制

实行两级管理,有利于管理更加切合地方经济发展的要求,也有利于减小中央政府的管理幅度,提高管理的科学性。中央和地方的权力分配方式,可以对高等职业院校内外部环境形成制约。

在下放中央权力的同时,地方政府建立责任清晰的政府财政转移支付制度。制定高等教育区域性生均教育费用、生均公用经费标准以及最低财政拨款标准等。在投入增量上缩小区域内城乡、学校之间的教育经费差距,逐步减缓并消除影响高等教育均衡发展的财政因素。

制定与实施高等教育师资配置的政策措施,优化高等教育资源优化配置,使高等学校能够可持续地稳定发展。

四、提升高等教育管理体制效率的对策

(一)构建服务型的管理体制

1.转变政府管理职能

在提升我国高等教育管理体制效率的过程中,首先要注重从我国的国情出发,从目前的高等教育现状出发。为了适应当前经济社会发展的需要,政府和学校权力的划分要明确,要将权力型政府转变为服务型政府;要将中央的权力下放到地方中,尤其是要扩大发展高等教育事业的责任,让地方管理本地区的高等院校,提高地方政府的积极性。

政府管理职能的转变直接影响其对高等职业院校的管理效果,也影响高等职业院校内

部管理体制的改革，应该将传统的微观管理调整为宏观调控，由原来的直接干涉转变为间接管理，使高等教育管理体制不再一味听从政府，能够根据自身情况灵活运用管理模式。

2. 坚持走群众路线

在高等教育管理体制改革的过程中，群众才是提升效率的主体，尤其是在高等教育体制管理阶段，只有走群众路线才能激发无穷的潜力，才能不断地创新机制，才能满足人们日益增长的物质文化需求，满足人们对不同层次、不同种类高等教育的需求。有了明确的目标，才能在管理体制改革中想人民所想，为人民办事。

（二）提升地方政府的统筹能力

1. 进行科学的规划

要想提升体制效率，地方政府要与社会机构、高等职业院校共同合作，研究具体可行的教育计划。科学的规划应从当前的社会经济环境、当地的发展状况、高等职业院校内部管理结构的设置、人员任免等出发进行规划，根据改革发展目标统筹安排，科学部署，保证高等职业院校管理教育资源的合理配置，提升管理体制效率和高等职业院校的竞争力。

2. 建立有效的拨款机制

拨款权是政府运用统筹权的关键，充足的资金是高等职业院校教育提升管理体制效率的基础，地方政府的拨款权具有灵活性。

目前的拨款机制较为封闭和固化，地方政府应对高等职业院校进行综合考评，采取公开透明的方式，将高等职业院校的管理能力、教学能力、科研能力以及贡献程度作为考核的具体内容，对有突出贡献的项目进行奖励性拨款，在其他一些基础设施领域进行选择性拨款，这样就能实现专款专用，避免资金的浪费和资源的不合理配置。

3. 提升高等职业院校管理的市场竞争力

竞争能够促进高等教育体制效率的不断提升，是源源不断的内在动力。在市场化发展的今天，高等职业院校的发展离不开市场环境的影响，由于在发展过程中，各高等职业院校的发展水平参差不齐，所以地方政府有必要为地区内的高等职业院校创造一个良好、公平的竞争环境，通过透明公正的竞争，让高等职业院校不断提升自身的管理能力。

（三）构建社会参与管理新体系

检验高等教育管理体制好坏的最终对象是社会大众，群众的满意度远远高于实际所取得的收益和效率。在简政放权的过程中，上级政府的权力下放，在地方政府中，权力也并不是归属于某一个固定的人或部门，而是要实现权力的最广泛化，让更多的人参与到决策中，尤其是要让普通民众拥有决策的权力。

例如，企业与学校的合作，企业的代表可以参与到学校的决策中，企业与学校的合作管理能够让学校所设专业更好地适应社会发展的需要，对高等职业院校管理体制效率的提升起到积极的促进作用。因此，在目前的高等教育管理体制改革现状下，社会力量是推动改革、提升效率的有效力量，地方政府和高等职业院校有必要将一定的参与权、决策权交给社会，通过广泛的参与促进管理体制的发展和完善。

参考文献

[1]涂凯迪.高等职业教育管理理论与实践创新探索[M].长春:吉林人民出版社,2022.

[2]张尧洪,单松,王继祥.大数据财务管理[M].北京:高等教育出版社,2022.

[3]何谐.我国高等职业教育学位制度构建研究[M].重庆:重庆大学出版社,2021.

[4]蒋庆荣.中国高等职业教育治理模式研究[M].长春:吉林大学出版社有限责任公司,2021.

[5]廖伏树.创新视角下的高职教育管理[M].北京:光明日报出版社,2021.

[6]彭薇.区域高等职业教育国际化理论与实践研究[M].长春:吉林大学出版社,2020.

[7]邝邦洪.高等教育的实践与探索[M].广州:广东高等教育出版社,2020.

[8]梁平.职业院校创新创业教育研究分析[M].天津:天津大学出版社,2020.

[9]滕跃民.新时代出版印刷高等职业教育教学研究与实践[M].上海:上海三联书店,2019.

[10]周建松.高等职业教育优质学校建设综论[M].杭州:浙江工商大学出版社,2019.

[11]赵章彬.高等职业院校劳动文化建设与创新研究[M].北京:中国农业大学出版社,2019.

[12]秦大伟,朱平,郑小丽.思想政治教育与职业素养[M].北京:研究出版社,2019.

[13]顾捷.高等职业院校教学质量基层管理制度建设[M].杭州:浙江工商大学出版社,2019.

[14]陈晔.新时期高校教育管理实践研究[M].北京:现代出版社,2019.

[15]沈怡玥.高等职业教育理论与发展新探索[M].北京:中国书籍出版社,2021.

[16]郭扬.高等职业教育三十年探索与研究[M].北京:冶金工业出版社,2021.

[17]汤晓军.中国高等职业教育国际化研究[M].苏州:苏州大学出版社,2021.

[18]饶玲丽,李荣巧.高等职业教育土建施工类专业教材建筑材料[M].重庆:重庆大学出版社,2021.

[19]陈正江.中国特色高等职业教育发展与政策研究[M].杭州:浙江工商大学出版社,2021.

[20]邵泽义.新时代高校思想政治教育管理体系的构建研究[M].镇江:江苏大学出版社,2022.

[21]杨刚,王新.高校教育教学与学生管理[M].长春:吉林出版集团股份有限公司,2022.

[22]李寿星.高校学生教育管理创新研究[M].北京:化学工业出版社,2022.

[23]吕村，谭笑风. 高校教育管理与教学研究[M]. 长春：吉林文史出版社，2021.
[24]洪剑锋，屈先蓉，杨芳. 互联网时代下高校教育管理与评价创新[M]. 延吉：延边大学出版社，2021.
[25]刘思延. 高校教育教学管理实践与创新发展[M]. 哈尔滨：哈尔滨出版社，2021.
[26]姚丹，孙洪波. 高校教育信息化管理与学生管理工作[M]. 北京：中国纺织出版社，2021.
[27]王炳堃. 高校大学生管理教育与校园文化建设[M]. 长春：吉林出版集团股份有限公司，2021.
[28]李晓雯. 高校教育管理的理论探索与探究[M]. 长春：吉林人民出版社，2021.
[29]周芸. 高校教育教学管理模式创新研究[M]. 北京：中国财政经济出版社，2021.
[30]王慧. 现代教育理念下的高校教育教学管理研究[M]. 北京：化学工业出版社，2021.
[31]胡凌霞. 高校教育管理理念与思维创新[M]. 长春：吉林大学出版社，2020.
[32]商应丽. 建构高校艺术教育管理的生成之维[M]. 长春：吉林大学出版社，2020.
[33]宋丽萍. 新媒体环境下高校学生教育管理工作创新研究[M]. 长春：吉林大学出版社，2020.
[34]解方文. 高校教育创新及其管理体系的建设[M]. 北京：经济管理出版社，2020.
[35]刘娟. 高校管理与教育教学实践研究[M]. 长春：吉林教育出版社，2020.
[36]邵妍，朱朝阳. 新时期高校教育与行政管理研究[M]. 长春：吉林文史出版社，2020.